Reihe
Wissenschaft in gesellschaftlicher Verantwortung

Herausgegeben von
Joseph Dehler und Gerd Michelsen

In dieser Reihe werden Kurzbeiträge veröffentlicht, die die gesellschaftliche Verantwortung der Wissenschaft verdeutlichen, Demokratisierungsprozesse im Wissenschaftsbereich fördern und Perspektiven zur Gestaltung einer humanen, sozialen, friedlichen und natürliche Ressourcen schonenden sowie die Gleichberechtigung der Geschlechter fördernden Lebenswelt aufzeigen.
Gleichzeitig soll die politische Auseinandersetzung über wissenschaftliche Erkenntnisse und Entwicklungen gefördert werden.

CIP-Titelaufnahme der Deutschen Bibliothek

Siebert, Horst:
Lernen als Konstruktion von Lebenswelten : Entwurf einer konstruktivistischen Didaktik / Horst Siebert. – Frankfurt/Main : VAS, 1994
(Reihe: Wissenschaft in gesellschaftlicher Verantwortung; 31)
ISBN 3-88864-131-4
NE: GT

Umschlag: Benjamin Last
Satz: AG Text & Publikation, 60486 Frankfurt
Druck: F.M. Druck, Karben
Vertrieb: VAS, D-60486 Frankfurt-Bockenheim, Kurfürstenstraße 18

Printed in Germany • ISBN 3-88864-131-4

Horst Siebert

Lernen als Konstruktion von Lebenswelten

Entwurf einer konstruktivistischen Didaktik

VAS

INHALT

Annäherung I:
Gedanken über das Denken

Der Mensch als denkendes Wesen macht sich Gedanken: über sich selbst, über Gott und die Welt, aber auch über die Verläßlichkeit des eigenen Denkens. Stark vereinfacht lassen sich drei Denktraditionen unterscheiden: eine metaphysische, eine materialistische und eine idealistische Strömung. Das metaphysische Denken siedelt das eigentliche Sein, das wahre Wesen der Welt in der Transzendenz, im Überirdischen an. Das materialistische Denken geht von dem Primat der Materie, der außersubjektiven Welt, der objektiven Realität aus. Das idealistische Denken behauptet dagegen einen Vorrang der Ideen, des Bewußtseins, des Denkens. Unsere menschliche Welt ist demnach eine erdachte Wirklichkeit. Das Spektrum idealistischer und bewußtseinspsychologischer Positionen ist breit gestreut. Hier einige Zitate aus Philosophie, Literatur und Religion, die auch auf die Grenzen des Selbst-, Fremd- und Weltverstehens verweisen:

Cogito, ergo sum – ich denke, also bin ich.

Descartes

Verum ipsum factum – das Wahre ist selbst gemacht.

G. Vico

*Wir gingen auseinander, ohne einander
verstanden zu haben.
Wie denn auf dieser Welt keiner leicht
den anderen versteht.*

J.W. Goethe: Die Leiden des jungen Werthers

Geist zu Faust:
Du gleichst dem Geist, den du begreifst.
Faust:
Was ihr den Geist der Zeiten heißt,
Das ist im Grund der Herren eigener Geist,
In dem die Zeiten sich bespiegeln.

J.W. Goethe: Faust, erster Teil

Leonce:
Dann habe ich nachzudenken, wie es wohl angehen mag, daß ich mir auf den Kopf sehe.

G. Büchner: Leonce und Lena

Robespierre:
Es ist lächerlich, wie meine Gedanken einander beaufsichtigen. Warum kann ich den Gedanken nicht loswerden? Ich weiß nicht, was in mir das andere belügt. In einer Stunde verrichtet der Geist mehr Taten des Gedankens, als der träge Organismus unseres Leibes in Jahren nachzutun vermag.

G. Büchner: Dantons Tod

Weil ich doch irgendeine dunkle Vorstellung habe, die mit dem, was ich suche, von fern her in einiger Verbindung steht, so prägt, wenn ich nur dreist damit den Anfang mache, das Gemüt, während die Rede fortschreitet, in der Notwendigkeit, dem Anfang nun auch ein Ende zu finden, jene verworrene Vorstellung zur völligen Deutlichkeit aus, dergestalt daß die Erkenntnis zu meinem Erstaunen mit der Periode fertig ist.

H. v. Kleist: Über die allmähliche Verfertigung der Gedanken beim Reden.

Annäherung II:
Weltfremdheit und Wirklichkeitsverlust?

„Weltfremdheit" betitelt Peter Sloterdijk sein neuestes Buch, in dem er eine Phänomenologie des weltlosen oder weltabgewandten Geistes entwirft. Sloterdijks kulturgeschichtliche Skizzen kreisen um das existentielle Dreieck Gottheit – Welt – Menschheit. In den ägyptischen und griechischen Hochkulturen bildeten diese drei Reiche noch eine Einheit: die Götter wirkten in der Welt im Kontakt mit den Menschen. Das Christentum vollzog eine Spaltung: die Welt war zwar Gottes Schöpfung, aber doch ein unvollkommenes Jammertal im Vergleich zu dem vollkommenen Reich Gottes. Zwar war der Mensch als Ebenbild Gottes konzipiert, aber doch sündhaft und unzulänglich. Die wahre Existenz erschien nur im Jenseits möglich.

Seit 500 Jahren, in der europäischen Neuzeit seit Kolumbus, Descartes und Newton konzentrierten sich die Menschen mehr und mehr auf die Eroberung, Erforschung und Beherrschung der Welt – wobei sie sich gelegentlich auf Gottes Segen und Willen beriefen. Mit Hilfe der Naturwissenschaften und der Aufklärungsphilosophien machten sich die Europäer die Welt „untertan". Trotz zahlreicher Kritiker und Zweifler schien der menschlichen Erkenntnis nichts verborgen, nichts verschlossen zu bleiben, „nichts ist unmöglich" für den homo faber; dem aufgeklärten und wissenschaftlich qualifizierten Europäer ist die Welt kein Buch mit sieben Siegeln mehr. Dieser Erkenntnisoptimismus, dieser prometheische Schaffensdrang hat seit einiger Zeit einen allenthalben spürbaren Dämpfer erhalten.

Die Welt – auch unsere technisch hergestellte Welt – wird uns wieder unheimlich, rätselhaft, bedrohlich. Wir (Wer sind „wir"? Wir alle oder wir Symphatisanten der neuen sozialen Bewegungen oder wir verunsicherten, aber verbeamteten Intellektuellen? Oder wir Auguren als „Vorreiter" des Volkes?) scheinen die Welt zu verlieren, sie wird uns fremd, wir flüchten in die eigene Innerlichkeit, ziehen uns auf unser Selbst zurück. Erst ist uns Gott abhanden gekommen, jetzt droht uns der Verlust der Welt. Zurück bleiben wir selbst: Jeder ist sich selbst der Nächste.

Um auf Sloterdijk zurückzukommen: „Inzwischen scheint das metaphysische Weltalter abgelaufen, und an die Stelle der Philosophen sind die Psychoanalytiker getreten, die die Welt als Klinik und den Menschen als providentiellen Patienten deuten ... Im Horizont der neuen Verhältnisse droht freilich schon heute die Erkenntnis, daß sich Klinikaufenthalte im gegenwärtigen Stil bald nicht mehr finanzieren lassen. Man könnte die folgenden Untersuchungen lesen als eine Expertise zur Strukturreform im Weltaufenthaltswesen." (S. 12 f.)

Doch unsere Themen sind weder eine Zivilisations- und Eurozentrismuskritik, noch eine Kritik der Subjektivierung und der „neuen Innerlichkeit" – so notwendig solche Kritiken auch sein mögen, sondern die Frage nach dem Erkennen, Denken und Lernen des Menschen im Jahr 1994. Allerdings besteht ein Zusammenhang zwischen Weltverlust und erkenntnistheoretischem Skeptizismus. Sloterdijk spricht von „erleuchteter Weltlosigkeit", wobei man „erleuchtet" auch durch „aufgeklärt"ersetzen kann. Man begreift diese Weltlosigkeit besser, „seit die moderne Neurophysiologie den selektiven und defensiven Charakter unserer erkenntnisbiologischen Grundausrüstung herausgearbeitet hat." (S. 266)

Diese neurophysiologische Erkenntnisthorie bezeichnen wir hier vereinfacht als *Konstruktivismus*, d.h. die Einsicht, daß uns die Wirklichkeit, wie sie „wirklich" ist, verschlossen bleibt, daß unser Gehirn die Welt nicht „abbildet", „widerspiegelt", „aneignet", so, wie sie objektiv ist, sondern daß wir uns unsere eigenen Wirklichkeiten konstruieren, daß unsere Welt aus unseren Bildern besteht – aus Selbst-, Fremd- und Weltbildern. Unsere Lebenswelt ist ein Konstrukt, sie ist die von uns gelebte und erlebte Welt. Diese Erkenntnis ist nicht völlig neu. Wenn Sokrates weiß, daß er nichts weiß, so heißt das nicht nur, daß wir nie „ausgelernt" haben und daß das Bewußtsein des Nichtwissens proportional zu dem Wissen steigt, sondern auch, daß wir Menschen nichts Endgültiges wissen können. Platon erkennt, daß uns die Ideen, die letzten Wahrheiten verborgen bleiben und daß wir lediglich die Schatten der Ideen wahrnehmen. Descartes' „cogito ergo sum" weist darauf hin, daß lediglich die Tatsache, *daß* wir denken und zweifeln, gewiß ist, nicht aber unser Verständnis für die Welt. Die moderne Erkenntnistheorie kann nicht mehr hinter I. Kants Einsicht zurückfallen, daß die Gesetze des menschlichen Erkenntnisvermögens ihre Welt erzeugen, daß also die Welt nicht „an sich" erkennbar ist.

Auch der „hermeneutische Zirkel" verweist auf die Grenzen objektiven Verstehens; alle Verstehensversuche sind Interpretationen des verstehenden Subjekts. Schopenhauer spricht vom „Ende aller Erkennbarkeit“, die Welt ist ihm Wille und Vorstellung. E. Husserl kritisiert den Objektivitätsanspuch der analytischen Naturwissenschaften, „Lebenswelt“ ist für ihn das Erlebnis der Welt durch die Subjekte. Der „symbolische Interaktionismus“ knüpft daran an: unsere Lebenswelt ist eine subjektiv gedeutete Welt, wobei diese Bedeutungen vor allem durch symbolische Interaktionen in unseren Bezugsgruppen entstehen; unser Handeln erfolgt auf der Grundlage dieser Deutungsmuster. Die Wissenssoziologen P. Berger und T. Luckmann beschäftigen sich ebenfalls mit unserer Alltagswelt, die aus „symbolischen Sinnwelten“ besteht. Auch für sie ist „Konstruktion“ eine Schlüsselkategorie; eines ihrer Bücher hat den Titel „Die gesellschaftliche Konstruktion der Wirklichkeit“. J. Piaget veröffentlichte 1933 ein Buch mit einem ähnlichen Titel: „Die Konstruktion der Wirklichkeit beim Kind“. Und last, but not least hat S. Freud entdeckt, daß unsere subjektive Welt aus einem Dickicht von Verdrängungen und Projektionen, von Abwehr- und Vermeidungsmechanismen besteht.

Aber – so mag man einwenden – diese Beispiele stammen alle aus den Geistes- und Sozialwissenschaften. Haben nicht die exakten, objektiven Naturwissenschaften die Möglichkeiten richtiger, subjektunabhängiger Erkenntnis unter Beweis gestellt? Sicherlich waren sie erfolgreich in der Beherrschung und Manipulation der außersubjektiven Natur. Doch die fortgeschrittenen Naturwissenschaftler/innen behaupten heute nicht mehr, daß ihre Erkenntnis unabhängig von der Person des Erkennenden sei: Auch sie geben zu, daß sie lediglich Modelle von der Wirklichkeit entwerfen – die aber in Technik umgesetzt oft erstaunlich gut funktionieren. Auch naturwissenschaftliche Forschungsergebnisse hängen von den „Ansichten“ der Forscher ab, wie es die moderne Atomphysik zeigt:

„Die experimentelle Erforschung der Atome zu Beginn des Jahrhunderts brachte sensationelle und völlig unerwartete Ergebnisse. Die Atome waren keineswegs die harten und festen Teilchen, für die man sie immer gehalten hatte, sondern erwiesen sich als weiter Raum, in dem sich extrem kleine Teilchen – die Elektronen – um den Kern bewegten. Einige Jahre später machte die Quantentheorie deutlich, daß selbst die subatomaren Teilchen – die Elektronen sowie die Protonen und Neutronen innerhalb des Kerns – keine Festkörper im Sinne der klassischen Physik sind. Die subatomaren Einheiten der Materie sind sehr abstrakte Gebilde mit einer doppelten Natur. ***Je nachdem wie wir sie ansehen, erscheinen sie manchmal als Teilchen, manchmal als Wellen.*** *Diese Doppelnatur zeigt auch das Licht, das als elektromagnetische Schwingung oder als Teilchen auftreten kann.“ (Capra 1983, S. 81)*

Die philosophiegeschichtlich Qualifizierten mögen mir den Parforceritt durch zwei Jahrtausende abendländischer Erkenntnistheorie verzeihen. Ich wollte nur andeuten, daß der Konstruktionismus nichts revolutionär Neues beinhaltet, aber – und dies soll noch gezeigt werden – durchaus nicht nur alten Wein in neue Schläuche gießt.

Annäherung III:
Die Philosophie des Als-Ob

Hans Vaihinger, ein Kantianer, schrieb 1876 ein Werk über „Die Philosophie des Als ob – das System der theoretischen, praktischen und religiösen Fiktionen“. Das Buch wurde erst 1911 veröffentlicht und erschien 1924 in einer gekürzten „Volksausgabe“.

„Auf den gewöhnlichen Denkwegen ist das natürliche Bestreben die Ausgleichung aller Vorstellungsgebilde, ihre Prüfungen an der Wirklichkeit, ihre Widerspruchslosigkeit. Er ist der natürlichste, zunächstliegende und anscheinend einzige Weg, um die wissenschaftliche Erkenntnis zu fördern. Er wäre es auch, wenn die Vorstellungsgebilde unmittelbare Abbilder des Seins wären; aber schon die gewöhnlichen Wege und Produkte des Denkens enthalten so viel subjektive und fiktive Elemente, daß es uns nicht überraschen kann, wenn das Denken auch noch andere Wege einschlägt. Man muß hierbei sich daran erinnern, daß die ganze Vorstellungswelt in ihrer Gesamtheit nicht die Bestimmung hat, ein Abbild der Wirklichkeit zu sein – es ist dies eine ganz unmögliche Aufgabe – sondern ein Instrument ist, um sich leichter in derselben zu orientieren...
Die logischen Prozesse sind ein Teil des kosmischen Geschehens und haben zunächst nur den Zweck, das Leben der Organismen zu erhalten und zu bereichern ...
Das Denken beginnt zuerst mit leichteren Abweichungen von der Wirklichkeit (Halbfiktionen), um zuletzt, immer kühner geworden, mit solchen Vorstellungsgebilden zu operieren, welche nicht bloß dem Gegebenen wider-

sprechen, sondern auch in sich selbst widerspruchsvoll sind." (Vaihinger 1924, S. 14 f.)

„Dagegen muß man sich immer davor hüten, solchen Vorstellungskomplexen und Denkmitteln Wirklichkeit zuzuschreiben: denn wirklich ist nur das Empfundene, das in der Wahrnehmung uns Entgegentretende, sei es innerer oder äußerer Natur. Sowie man solche Fiktionen für wirklich nimmt, folgen daraus alle jene Antinomien und Widersprüche, welche von Anfang an bis heute die Geschichte der Philosophie durchziehen." (S. 111)

Dies ist auch eine der Botschaften der berühmten Ring-Parabel in G.E. Lessings „Nathan der Weise": Der Vater, der über einen Ring mit wunderbarer persönlichkeitsbildender Kraft verfügt, kann sich nicht entscheiden, wem seiner drei Söhne er diesen Ring vererben soll. Er läßt Duplikate herstellen, so daß jeder einen Ring erhält und niemand weiß, welcher der echte ist. Der Richter erteilt nun den streitenden Söhnen einen weisen Rat: Jeder Sohn solle so tun, als sei sein Ring der echte und der Kraft des Ringes entsprechend handeln. Auf diese Weise wird die Frage, welcher Ring wirklich der echte ist, bedeutungslos.

Das „so tun als ob" hat also durchaus eine handlungsleitende Funktion. Diese Annahme erinnert an den sozialpsychologischen Mechanismus der selffulfilling prophecy, der sich selbst bestätigenden Vorhersage. Menschen handeln (oft) so, wie es von ihnen erwartet wird, und wir verhalten uns Menschen gegenüber je nach dem, was wir ihnen zutrauen. Wenn wir Menschen keine Leistung mehr zutrauen, unterfordern wir sie, und sie werden ihr Selbstvertrauen und ihre Leistungsfähigkeit tatsächlich verlieren. Schon I. Kant kannte den Effekt positiver Zuschreibungen: „Wenn nämlich Menschen schon nicht von klein auf wollen können, was sie sollen, so muß man sie doch, nach Kant, von Anfang an so behandeln, als könnten sie schon, was sie wollen sollen ... Er wußte, daß die Fiktion der Freiheit imstande ist, uns wirklicher Freiheit näher zu bringen, ebenso wie die Fiktion der Mündigkeit uns zur eigentlichen Mündigkeit vorbereitet.“ (Sloterdijk 1993, S. 273)

Die Rückkopplung und wechselseitige Verstärkung von Selbstbild und Fremdbild, von Erwartung und Effekt ist ein bevorzugtes Thema der Sozialisationsforschung, insbesondere zur geschlechtsspezifischen Sozialisation. So basiert der Cinderella-Komplex, die „heimliche Angst der Frauen vor der Unabhängigkeit“, u.a. auf frühkindliche Erziehungspraktiken:

„Die Mutter verstärkt den Kontakt zu ihrem schwierigen Töchterchen, verringert ihn aber zu ihrem Sohn – selbst wenn er noch schwieriger ist ... Das Baby lernt, Hilfe kommt schnell, wenn man danach ruft; die Mutter des Babys lernt, das Weinen hört auf, wenn man zum Bettchen eilt und das Baby tröstet. Die gegenseitige Lektion wird verstärkt, wenn es um die Interaktion von Mutter und Sohn geht. Da man das männliche Baby für härter hält, stolpert die Mutter nicht über den Staubsauger, um möglichst schnell an das Bettchen ihres Sohnes zu eilen. Infolgedessen verfestigt sich bei ihm die Erkenntnis: „Hilfe kommt schneller, wenn ich danach rufe“ nicht so systematisch. Es kommt vor, daß er sich mitunter selbst trösten muß. Schließlich entdeckt er, daß er damit Erfolg hat. Er kann sich selbst trösten. Schritt für Schritt lernt er, emotional für sich selbst zu sorgen.“ (Dowling 1982, S. 107 f.)

Einen ähnlichen Mechanismus der Rückkopplung und der Antizipation beschreibt der Pygmalion-Effekt. In einem sog. „Oak-School-Experiment“ wurde Lehrerinnen mitgeteilt, daß angeblich von 20 % der getesteten Schüler/innen aufgrund ihres Intelligenzquotienten überdurchschnittliche Leistungen zu erwarten sind. Die Lehrerinnen erhielten auch die – allerdings wahllos selektierten – Namen dieser Schüler. Am Ende des Schuljahres waren deren Leistungen tatsächlich überdurchschnittlich gestiegen, da sich die Lehrerinnen ihnen besonders freundlich und aufmerksam zugewandt hatten.

Ähnliche Versuche wurden mit Studenten durchgeführt, die Ratten trainieren sollten, und auch hier beeinflußte die fingierte Vorabinformation die Ergebnisse. Fiktive Vorhersagen sind also oft die Ursache für das tatsächliche Ereignis. Die Kausalität wird zeitlich auf den Kopf gestellt: Nicht die Vergangenheit verursacht die Zukunft, sondern die Zukunft determiniert die Gegenwart. Oft allerdings auch mit gegenteiliger Absicht: Viele Prognosen verfolgen gerade die Absicht, verhindert zu werden, z.B. in der Politik oder der Ökologie.

Diesen Prophezeiungen „gemeinsam ist die offensichtlich wirklichkeitsschaffende Macht eines bestimmten Glaubens an das So-Sein der Dinge; eines Glaubens, der genausogut ein Aberglaube wie eine scheinbar streng wissenschaftliche, aus objektiver Beobachtung abgeleitete Theorie sein kann." (Watzlawick 1988, S. 72)

Ein solcher Rückkopplungsprozeß gilt auch gesamtgesellschaftlich: Wer überzeugt ist, daß die Welt angesichts der ökologischen Katastrophen nicht mehr zu retten ist, wird resignieren und den Untergang dadurch beschleunigen. Wer den Menschen trotz aller empirischen Gegenbeweise für vernunftfähig hält, eröffnet damit der menschlichen Vernunft eine Chance. Auch Sisyphos mußte so tun, als ob der Stein irgendwann auf dem Gipfel liegen bleiben würde, nur diese Hoffnung ließ ihn weitermachen und verhindern, daß die Weltkugel völlig zum Stillstand kam.

Allerdings sind nicht alle Fiktionen zweckmäßig und „passend". Paul Watzlawick hat zahlreiche Beispiele für unglücklich machende Fiktionen gesammelt. Hier die bekannteste Geschichte:

„Ein Mann will ein Bild aufhängen. Den Nagel hat er, nicht aber den Hammer. Der Nachbar hat einen. Also beschließt unser Mann, hinüberzugehen und ihn auszuborgen. Doch da kommt ihm ein Zweifel: Was, wenn der Nachbar mir den Hammer nicht leihen will? Gestern schon grüßte er mich nur so flüchtig. Vielleicht war er in Eile. Aber vielleicht war die Eile nur vorgeschützt, und er hat etwas gegen mich. Und was? Ich habe ihm nichts angetan; der bildet sich da etwas ein. Wenn jemand von mir ein Werkzeug borgen wollte, ***ich*** *gäbe es ihm sofort. Und warum er nicht? Wie kann man einem Mitmenschen einen*

so einfachen Gefallen abschlagen? Leute wie dieser Kerl vergiften einem das Leben. Und dann bildet er sich noch ein, ich sei auf ihn angewiesen. Bloß weil er einen Hammer hat. Jetzt reichts mir wirklich. – Und so stürmt er hinüber, läutet, der Nachbar öffnet, doch noch bevor er „Guten Tag" sagen kann, schreit ihn unser Mann an: „Behalten Sie sich Ihren Hammer, Sie Rüpel!" (Watzlawick 1983, S. 37 f.)

Vielleicht braucht der Mann gerade dieses Unglücklichsein? Für einen Misanthropen und einen Pessimisten ist jede erfreuliche Nachricht eine Enttäuschung.

Annäherung IV:
Johann, der Spitzwegerich oder die Beseelung der Natur

Johann, der Spitzwegerich

„Hallo Fans, ich heiße Johann. Und ich bin ein Spitzwegerich erster Klasse. Da es August ist, blühe ich in meinem dezenten Lila. Aber was rede ich da, eigentlich wollte ich euch ja meinen Tagesablauf in einer Rinnsteinritze auf dem Schulhof der Integrierten Gesamtschule Linden schildern. Am besten fange ich mit 7 Uhr an, denn dann wache ich ja sowieso erst auf. Also los geht's:
„Dong, dong, dong, dong, dong, dong, dong" wecken mich die Glocken der Sankt-Martinskirche auf. Ich räkele mich, trinke meinen Schluck Morgentau und warte auf die Nachrichtenfliege. Während ich so warte, sehe ich, wie immer mehr Schüler in Richtung Schuleingang gehen. Ah,da kommen auch diese zwei langhaarigen Typen, die jeden Morgen eine Runde um die Schule drehen. Jetzt könnte sie aber bald kommen, die Nachrichtenfliege! – Aber was ist das?! Der wird doch ... der kann doch nicht ..! Aua! Autsch! Oh weh! Da ist doch einer von diesen langhaarigen Vollidioten, diesen blinden Weinbergschnecken, mitten auf mich draufgelatscht! Na ja, aber daran bin ich ja schon gewöhnt, denn das passiert ja mindestens fünfmal die Woche. Die Menschen haben aber auch Quadratlatschen, wenn ich da an meine kleinen zarten Stengelchen denke ...
Endlich folgt die Nachrichtenfliege, von der ich alle neuesten Nachrichten des Tages erfahre. Sie erzählt mir, daß sich eine große Horde Kinder (auch Klasse genannt) mit

zwei Lehrern und einer Lehrerin meinem Rinnstein nähert. Da sehe ich die Klasse auch. Gott sei Dank teilen sie sich am Anfang des Pausenhofes in kleine Gruppen auf. Wahrscheinlich spielen sie wieder eins von den Spielen, die sie Rallye nennen, denke ich, denn ich sehe, daß sie weiße Zettel in den Händen halten. Plötzlich merke ich, wie sich zwei Mädchen in meine Richtung bewegen. „Da, ein blühender Spitzwegerich", ruft die eine. Am besten sage ich auch jetzt schon mal tschüß, denn ich glaube, daß ich euch nicht mehr lange von mir erzählen kann. Da haben mich schon die Finger der einen gepackt, ich spüre, wie sie mich aus der Erde zieht, dann werde ich ohnmächtig ...
P.S. Zwei Tage später wurde Johann auf der Mülldeponie in Altwarmbüchen von einem Müllberg begraben.

Der Biologiedidaktiker Ulrich Gebhard hat diese Geschichte einer 13jährigen Schülerin abgedruckt, um anhand dieses Beispiels die Frage zu erörtern: „Dürfen Kinder Naturphänomene beseelen?" Ein solcher Anthropomorphismus, d.h. eine Vermenschlichung von Tieren und Pflanzen, wird von der traditionellen Biologiedidaktik strikt abgelehnt. Eine solche Beseelung widerspricht dem Ziel objektiver Naturwissenschaft, sie gilt als unwissenschaftlich und nicht realitätsangemessen. Natürlichen nichtmenschlichen Objekten werden Gefühle unterstellt, die eigenen Affekte des Kindes werden auf Pflanzen übertragen. Dies ist – so Piaget – typisch für einen frühkindlichen Egozentrismus, der noch keine eindeutigen Grenzen zwischen dem subjektiven Erleben und der äußeren Wirklichkeit zieht. Kinder verfügen in diesem Alter noch nicht über eine abgeschlossene, personale Identität und verschmelzen gleichsam mit ihrer Welt. Piaget behauptet, daß eine solche Beseelung von Natur mit zunehmendem Alter abnimmt, daß sich also allmählich eine wissenschaftlich-rationale, sachliche Sichtweise entwickelt – was allerdings von anderen Autoren relativiert wird. Der Schule wurde in der Vergangenheit die Aufgabe zugewiesen, das anthropomorphisierende Denken des Kindes abzubauen und durch eine sachliche Naturerkenntnis zu ersetzen. „Die affektive Seite wurde dabei eher vernachlässigt, bzw. gerade als Hemmschuh für die kognitive Entwicklung angesehen." (Gebhard 1990, S. 40). In der Tat ist der naturwissenschaftliche „Fortschritt" durch Manipulation und Ausbeutung natürlicher Ressourcen undenkbar, wenn die Wissenschaftler, aber auch die Beschäftigten in der Forst- und Landwirtschaft bei der Verwertung der Wälder und bei der agrarischen Massenproduktion ihren Gefühlen gegenüber der Natur Raum geben.

Die wissenschaftlich geprägte Moderne benötigt die Trennung von Kognition und Emotion, wenn der ökonomische Fortschritt nicht gefährdet werden soll. Das „beseelende" Weltbild gilt als unreifes, unmodernes, unzulässiges Konstrukt von „unmündigen" Kindern und unzivilisierten Naturvölkern. Inzwischen wissen wir aber, wie hoch die Kosten dieses wissenschaftlich-technologischen Fortschritts waren, und wir wissen, wie „kontraproduktiv" und selbstzerstörerisch die technische Vernutzung der Natur geworden ist. So gesehen hat eine „reflexive Modernisierung" zu fragen, ob die Dominanz des analytisch-zweckrationalen Wissenschaftsverständnisses das Überleben der Menschheit mehr bedroht als ermöglicht. Die postmoderne kindliche, „primitive" Konstruktion von Wirklichkeit, die so unwissenschaftliche Emotionen wie Ehrfurcht und Sympathie für Tiere und Pflanzen einschließt, könnte sich als „viabel", d.h. als angemessen und überlebensnotwendig erweisen.

Pathetisch formuliert: Die als Erkenntnisfortschritt gepriesene objektivistische Naturerkenntnis könnte sich als Pyrrhussieg der Moderne erweisen, und die kindliche Beseelung von Natur könnte ein Ausweg aus der ökologischen Krise sein. Die Wirklichkeitskonstruktion des erwachsenen „homo faber" ist so keinesfalls unbedingt die „richtige", fortschrittliche Weltanschauung. U. Gebhard verweist auf Studien, die die These stützen, „daß anthropomorph-emotionale Beziehungen zur Natur dann kulturell unerwünscht sind und abgelehnt werden, wenn die wirtschaftliche Ausbeutung der Natur im Vordergrund steht." Außerdem fragt Gebhard, „ob Menschen zu den Dingen überhaupt eine andere als eine menschliche, d.h. potentiell auch immer eine anthropomorphe Haltung einnehmen können, da Menschen den Dingen der Welt auch immer eine Bedeutung geben müssen." (Gebhard 1990,S. 42) Dies aber ist eine Kernthese der konstruktivistischen Erkenntnistheorie.

Doch es geht hier nicht nur um Erkenntnis, sondern auch um Handeln. Wir handeln aufgrund von Bedeutungen, die wir der Welt beimessen. Diese Bedeutungen ergeben sich aus Wahrnehmungen, Denken und nicht zuletzt aus Gefühlen. Unsere Affekte sind in hohem Maße handlungsleitend. Solidarität mit einem unterdrückten Volk, Sympathie für einen Menschen, Tierliebe, ästhetisches Wohlgefallen an einer Blüte sind handlungsrelevant.

Insofern beinhaltet die Beseelung der Natur ein umweltschützendes Verhalten; eine instrumentelle ökonomische Bewertung dagegen begünstigt ein hemmungsloses ausbeuterisches Handeln.

Annäherung V:
Konstruktivismus und Postmoderne

Es geht hier nicht um einen philosophischen Diskurs, nicht um einen vermessenen Versuch, einen endgültigen Wahrheitsbegriff oder einen anderen Stein des Weisen zu finden. Mich interessiert die praktische Frage: Ist die Welt noch zu retten? Sind wir noch zu retten? Haben wir als homo sapiens noch eine Chance? Wenn es zutrifft, daß unsere Welt vor allem aus unseren Weltbildern besteht und daß diese Bilder unser Handeln steuern, wie können wir unsere Bilder kritisch überprüfen und – falls sie sich als „unvernünftig" erweisen – korrigieren und ersetzen?

Ein Impuls für eine solche Selbstaufklärung ist die Verfremdung, die Paradoxie, die Ironie. Ein Meister solcher Parodien und Paradoxien ist Umberto Eco, z.B. in seiner humorvollen Entlarvung unserer eurozentrischen Konstrukte:

Ein Kulturanthropologe von Samoa hat von der Aboriginal Foundation of Tasmania den Forschungsauftrag erhalten, die Sitten und Lebensgewohnheiten eines primitiven Stammes in Italien, der Mailänder, zu untersuchen und Vorurteile über die europäischen Wilden zu widerlegen.

„Die Abwertung der Okzidentalen als Primitive, bloß weil sie sich einem Kult der Maschine ergeben und noch weit entfernt sind von einem lebendigen Kontakt zur Natur, ist ein typisches Beispiel für dieses Arsenal falscher

Vorstellungen, mit dem unsere Großeltern sich daran gemacht hatten, die farblosen Menschen und insbesondere die Europäer zu beurteilen ...

Mit dieser Erkenntnis war der Weg freigeworden für eine anthropologisch korrekte Erforschung der farblosen Menschen und für ein Verständnis der okzidentalen Zivilisation (denn es handelt sich bei ihr durchaus – man mag mir zynischen Relativismus vorwerfen – um eine Zivilisation, auch wenn sie nicht den Modi der unseren folgt; und es ist nicht gesagt, man gestatte mir die Bemerkung, daß unsere Gewohnheit, barfuß auf Palmen zu klettern und Kokosnüsse zu pflücken, ein höherentwickeltes Verhalten bezeuge als die Gewohnheit des Primitiven, im Jet durch die Lüfte zu reisen und dabei Chips aus einer Plastiktüte zu knabbern) ...

Der Tagesablauf des Mailänder Eingeborenen richtet sich nach den elementaren Rhythmen der Sonne. Frühmorgens steht er auf, um sich seinen stammestypischen Tätigkeiten zu widmen: Stahlsammeln in Plantagen, Anbau von Metallprofilen, Gerben von Plastikstoffen, Säen von Kunstdünger, Handel mit Transistoren, Weiden von Lambrettaherden, Zucht von Alfaromeos und so weiter...

Es scheint allerdings, daß in den bessergestellten Kreisen diese allsonntäglichen Gelage (beim Fußball, H.S.) eine ausgesprochene Abscheu hervorrufen, so daß im selben Moment, in dem der größere Teil des Stammes sich zu den kollektiven Menschenfressereien begibt, die anderen eine verzweifelte Flucht über alle Ausfallstraßen des Dorfes antreten, so daß sie sich im Gedränge verletzen, einander mit ihren Fahrzeugen überrollen und in blutigen Karambolagen das Leben verlieren. Es scheint, als erblickten diese anderen, von einer Art Raserei ergriffen, das einzige Heil in der Straße zum Meer." (Eco 1994, S. 57 ff.)

Eco betreibt mithilfe der Satire Ideologiekritik und Entmythologisierung. Er entlarvt die Widersinnigkeit der eurozentrischen Konstruktionen, die durch ihrer kulturellen, religiösen und rassistischen Allmachtsphantasien Millionen von Menschen in Amerika, Afrika, Auschwitz und anderswo das Leben gekostet haben.

Umberto Eco gilt als literarischer Vertreter der Postmoderne, und in der Tat ergänzen sich postmoderne Philosophie und konstruktivistische Erkenntnistheorie. In ihrer Gesellschaftsanalyse registriert die Postmoderne eine Krise der Industriegesellschaften, eine Krise des ungezügelten ökonomischen Wachstums, eine Kontraproduktivität der Technisierung, einen Verfall absoluter Wahrheitsansprüche, eine Erosion politischer und ideologischer Einheitsvorstellungen, einen Überzeugungsverlust geschichtlicher Utopien und Teleologien, auch eine Auflösung normativer Bildungs- und Erziehungsideen. Diese Verfallserscheinungen der Moderne werden keineswegs bedauert, sondern es wird auf die totalitären Strukturen und inhumanen Auswirkungen dogmatischer, ideologischer Absolutheitsansprüche hingewiesen. Demgegenüber wird von F. Lyotard, W. Welsch u.a. eine „radikale Pluralität", eine Vielfalt von kulturellen Milieus und Lebensstilen, eine Anerkennung von ethnischen, religiösen und kulturellen Minderheiten gefordert. Die Philosophien der

Postmoderne verstehen sich somit als Anwälte einer basis-demokratischen, toleranten, multikulturellen Gesellschaft (vgl. Siebert 1993).

Der Konstruktivismus stellt – wie die Postmoderne – ontologische Wahrheitsansprüche und die Erkennbarkeit objektiver Wirklichkeiten infrage und anerkennt die lebensgeschichtlich und kulturell geprägte Pluralität der Wahrnehmungen und Wirklichkeitssichten. Siegfried Schmidt – „ein radikaler Konstruktivist" – und Wolfgang Welsch – der bekannteste deutsche Philosoph der Postmoderne – sprechen beide von der „ästhetischen Verfassung unserer Wirklichkeit", d.h. Wirklichkeit ist uns nicht vorgegeben, sondern wir erzeugen unsere Wirklichkeiten, d.h. das, was etwas be"wirkt". Auch die Wissenschaft produziert „nur" ästhetische Konstrukte, wissenschaftliche Erkenntnis ist nicht von dem Subjekt zu trennen.

„Man kann die Einsichten dieses epistemischen Weges der Ästhetisierung in einem Dreisatz zusammenfassen: Wirklichkeit ist ästhetisch erstens, weil sie das Resultat unserer Hervorbringung bzw. Konstruktion ist. Sie ist ästhetisch zweitens, weil wir diese Konstruktionen im Ausgang von spezifisch fiktionalen Mitteln –Anschauungsformen, Metaphern, Grundbildern, Phantasmen – errichten. Und sie ist ästhetisch drittens, weil die Vielfalt der so entstehenden Wirklichkeiten nicht mehr fundamentalistisch auf ***eine*** *Wirklichkeit – die es eben gerade nicht gibt – zurückgeführt werden kann, sondern eine Gemengelage darstellt, die plural, konfliktreich und schwebend – und darin spezifisch ästhetisch – verfaßt ist." (Welsch zit. nach Schmidt 1992, S. 2)*

Diese ästhetische Verfaßtheit unserer Lebenswelt erklärt auch, warum der Konstruktivismus kaum – wie die klassischen Natur- und Sozialwissenschaften – quantifizierende, statistische Berechnungen und Messungen, sondern häufig Bilder, Analogien, Metaphern verwendet.

Man mag einwenden, daß es keine neue Erkenntnis ist, daß wir unsere Welt deuten, interpretieren, selektiv wahrnehmen, daß wir Informationen verdrängen und „verzerren". So unterscheidet P. Watzlawick eine Wirklichkeit erster und zweiter Ordnung. Die chemische und physikalische Beschaffenheit des Goldes gehört zur 1. Ordnung, der Wert, den Gold für uns hat, macht die Wirklichkeit 2. Ordnung aus. Doch wenn wir von selektiver oder verzerrter Wahrnehmung sprechen, unterstellen wir, daß auch eine nichtselektive, unverzerrte Wahrnehmung und damit eine objektive Aussage über Wirklichkeit 1. Ordnung möglich ist.

Dies aber bestreitet der radikale Konstruktivismus. Die „Wirklichkeit erster Ordnung", also die „tatsächliche" Realität, ist uns kognitiv nicht zugänglich. Menschliche Erkenntnis ist ein selbstreferentieller, operational geschlossener Prozeß unseres Gehirns. „Das Gehirn ist ein selbstreferentielles kognitives System, dessen Zustände wesentlich durch die Interaktion seiner Komponenten (also durch seine Organisation) und nicht wesentlich (aber nicht etwa in keiner Weise!) durch die Umwelt bestimmt werden. Das Gehirn ist der Umwelt gegenüber autonom, selbstbestimmt, da operational geschlossen." (Schmidt 1992, S. 3). Um ein Bild zu verwenden: Unser Gehirn läßt sich mit einem Ingenieur in der Schaltzentrale eines

Kernkraftwerkes vergleichen. Der Ingenieur reagiert auf Lämpchen und andere Signale der elektronischen Kontrollsysteme, die Vorgänge in dem Atomreaktor sind für ihn unsichtbar.

Postmoderne und Konstruktivismus konvergieren durch ihre Aufwertung von Subjektivität, Pluralität, Kulturrelativismus und die Kritik von „Supertheorien". Dabei sollte unterschieden werden zwischen ernsthaften philosophischen Suchbewegungen in einer gesellschaftlichen Umbruchsituation und modischen postmodernen Theoriefeindlichkeiten nach dem Motto „das Design bestimmt das Sein". So moniert Tilman Spengler schon 1984 im „Kursbuch":

„Für die aktuelle Neugier sind Bilder wichtiger geworden als Erklärungen ... Diese Neugier richtet sich auf Bilder ohne Worte – oder doch nur mit sehr wenigen. Hier meldet sich, mal täppisch, mal raffiniert, ein vehementer Anspruch auf Spielerisches, auf Mythen, auf Phantasie zurück. Gängig, aktuell, populär sind im Augenblick Geschmacksurteile ohne Ästhetik, diffuse, häufig auch zerbrechliche Verständigungsvorgänge ohne Anspruch auf Stabilität. Es handelt sich um eine neue Beliebigkeit, allerdings eine Beliebigkeit ohne viel Skepsis – und auch nicht aus der Zynik geboren. Verschiedene Auslegungen, verschiedene Geschmacksrichtungen stehen nebeneinander, doch sie erzeugen keine Widersprüche." (Spengler 1984, S. 11)

Erkenntnistheoretische Grundlagen

Eine Besonderheit des Konstruktivismus ist die Verschränkung von Sozial- und Naturwissenschaften, von Biologie und Erkenntnistheorie. Dadurch unterscheidet sich diese Theorie z.B. von den rein sozialwissenschaftlichen Theorien des symbolischen Interaktionismus oder der Vorurteilsforschung. Von besonderer Bedeutung für die konstruktivistische Erkenntnistheorie sind die biologischen und neurophysiologischen Studien der Chilenen Humberto Maturana und Francisco Varela.

Die Entwicklung des Lebens wird nicht primär als Anpassung an Umweltbedingungen erklärt, sondern als relativ eigenständiger, operational geschlossener, selbstreferentieller Prozeß. Ein – allerdings in der biologischen scientific community umstrittener – Schlüsselbegriff für diese Abgeschlossenheit ist „Autopoiesis“, d.h. Selbst-Tätigkeit. Die beiden Biologen weisen auf die Zellteilung als autopoetische Reproduktion und Fortpflanzung hin. Diese Zellteilung wird nicht durch eine äußere Kraft verursacht, sondern erfolgt aufgrund einer Eigendynamik. Die Zellen und auch die Metazellen, d.h. die Organismen bilden Einheiten, die mit dem umgebenen Milieu in Verbindung stehen, die aber nicht durch das Milieu gesteuert oder gar determiniert werden. Zwischen den Lebewesen und der Umwelt besteht eine „strukturelle Koppelung“. Auch das Nervensystem, in dem das Erkennen biologisch verankert ist, ist ein eigenständiger Organismus aus Millionen von Zellen.

Wichtig ist, daß auch unser Erkenntnisapparat ein operational geschlossenes System ist, das nicht eine äußere Welt abbildet, sondern eine eigene Wirklichkeit hervorbringt. Unsere Wirklichkeit ist ein Produkt unserer Erkenntnis. Sprachlich kann man unterscheiden zwischen der äußeren Realität und der Wirklichkeit, die in uns „wirkt" und die wir „bewirken", die uns nicht gegenübersteht, sondern durch uns hindurch geht. Erkennen ist also kein rezeptiver oder mechanischer Vorgang, sondern eine aktive Handlung. Wir erkennen, um zu überleben, nicht um Wahrheiten zu entdecken. Andere Lebewesen – Insekten, Vögel oder Katzen – verfügen über andere Wahrnehmungsfähigkeiten als der Mensch, weil sie zum Überleben andere Wahrnehmungen benötigen.

Wie wenig objektiv unsere sinnlichen Wahrnehmungen sind, zeigen die vielfältigen optischen Täuschungen. Farbe ist ein Aktivitätszustand unseres Nervensystems. „Unsere Erfahrung einer Welt farbiger Objekte ist buchstäblich unabhängig von der Zusammensetzung der Wellenlänge des Lichtes, das von uns beobachteten Objekten ausgeht." (Maturana, Varela 1987, S. 26). Andererseits würden wir ohne diese Objekte auch keine Farben sehen oder besser gesagt: erleben. Wir nehmen eine Welt wahr, nicht wie sie ist, sondern wie sie uns erscheint. Gewiß ist lediglich die Tatsache, daß wir erkennen und daß diese Erkenntnisse uns Orientierungen und „erfolgreiche" Handlungen ermöglichen.

Auch unsere „selektiven Wahrnehmungen" haben den praktischen Zweck, daß wir vor allem das registrieren, was uns im Moment wichtig erscheint und daß wir nicht durch die Fülle der Informationen völlig verwirrt werden. Maturana und Varela sprechen von der Zirkularität, der Verkettung von Handlung und Erfahrung. „Jedes Tun ist Erkennen, und jedes Erkennen ist Tun.“ (S. 32)

Wir erkennen, um handeln zu können – um dadurch zu überleben, und um zu überleben, müssen wir anpassungsfähig bleiben, ohne daß unsere biologische Organisation gefährdet wird. Die Aufrechterhaltung der Autopoiesie (und damit auch unsere Autonomie) und die Erhaltung unserer Anpassung (und d.h. unsere Lernfähigkeit) sind notwendige Existenzbedingungen. Diese Anpassung ist gattungsgeschichtlich die Evolution der Menschheit, die von den beiden Biologen als „natürliches Driften“ bezeichnet wird.

Unser Gehirn bildet Gegenstände (das, was uns gegenüber steht) weder ab (Repräsentationsmodell), noch funktioniert unser Nervensystem ohne jeden Kontakt zur Außenwelt (Solipsismus, d.h. nur das Selbst existiert). Gehirn und Milieu sind – wir erwähnten es bereits – strukturell gekoppelt. So messen Maturana und Varela den zwischenmenschlichen Interaktionen für Erkenntnisprozesse eine zentrale Bedeutung bei, so daß Maturana das Bewußtsein als das Ergebnis sozialer Interaktionen definiert: „Da wir sprachbegabte Lebewesen sind, haben wir auch dann ein Bewußtsein, wenn wir gerade nicht kommunizieren, sondern alleine sind – und dennoch hat das Phänomen ‚Bewußtsein‘ seinen Ursprung in der Domäne der Beziehungen... Wenn zwei Menschen lange zusammen sind, dann passen sie ihre Strukturen einander an.“ (Maturana 1994, S. 44)

Hier wird die biologische und erkenntnistheoretische Frage zu einer anthropologischen. Wer ist das Subjekt des Erkennens, das Ich? Gibt es noch mehr und anderes, als die biochemische und neurophysiologische Hirnforschung erforscht hat? Wo läßt sich unser (Selbst-)Bewußtsein neuronal verorten? Dieses Ich ist die Instanz, die den Wahrnehmungen aufgrund früherer Erfahrungen oder praktischer Absichten Sinn und Bedeutung verleiht. Der Bremer Biologe G. Roth geht davon aus, daß dieses Bewußtsein, diese Ich-Identität keinen lokalisierbaren „Ort“ im Gehirn hat, sondern aus den vier „Großsystemen“ unseres Gehirns (Aufmerksamkeit durch das Großhirn, Sensumotorik durch das Zwischenhirn, Gedächtnis durch das limbische System, Handlungskoordination durch den Stirnbereich der Großhirnrinde) konstituiert wird (Roth 1992, S. 250). Das Bewußtsein ermöglicht es uns, Wahrnehmungen zu bewerten und unsere eigenen Wahrnehmungen wahrzunehmen, also eine reflexive Haltung uns selbst gegenüber einzunehmen.

Maturana unterscheidet zwischen den selbstreferentiellen Operationen des Nervensystems und den Beziehungen des Organismus zu seinem Milieu. Er verwendet das Bild eines Autos: Der Motor läuft auch „im Stand“, aber beim Autofahren muß ständig der Verkehr berücksichtigt werden

Menschliche Interaktionen sind eine Voraussetzung für Lernprozesse im Interesse der Anpassung an wechselhafte Lebensverhältnisse. „Lernen“ wird von Maturana und Varela eher behavioristisch als instrumentelle Verhaltensänderung definiert. „Wenn sich ... Strukturen, die ein gewisses Verhalten bei den Mitgliedern einer Spezies möglich machen, nur beim Vorliegen einer besonderen Geschichte von Interaktionen entwickeln, dann sagt man, diese Strukturen seien ontogenetisch und die Verhaltensweisen erlernt." (Maturana, Varela 1984, S. 187 f.) Lernen stellt die „Strukturkopplung", die Passung zwischen Mensch und Milieu sicher. Zwar untersucht diese neurobiologische Forschung zunächst die Erkenntnisprozesse des Individuums, aber durch das Modell der „Strukturkopplung" wird gleichsam eine Brücke zur Sozialpsychologie und auch zur Gesellschaftstheorie geschlagen. Zum Überleben, d.h. zur Autopoiesis und zur Anpassung, benötigen Lebewesen und insbesondere der Mensch ein soziales Umfeld, und zwar nicht nur wegen der Fortpflanzung. „Diese soziale Phänomenologie beruht darauf, daß die beteiligten Organismen im wesentlichen ihre individuellen Ontogenesen als Teil eines Netzwerkes von Ko-Ontogenesen verwirklichen, das sie bei der Bildung von Einheiten dritter Ordnung hervorbringen." (S. 209) Voraussetzung für solche Koppelungen ist eine Kommunikationsfähigkeit, die wiederum Sprache voraussetzt.

Die Autoren weisen auf soziobiologische Phänomene hin, z.B. auf ein altruistisches Verhalten von Antilopen oder von Ameisen, die ihr Leben im Interesse der Gruppe riskieren. Das „natürliche Driften" bewirkt eine Balance zwischen individuellen und kollektiven Interessen. Das Überleben der Gruppe ist dem Überlebensinteresse des einzelnen übergeordnet. Leider scheint dieses harmonische soziale Modell nur bedingt auf die Menschheit übertragbar zu sein, wo sich mehr sozialdarwinistische und egoistische Verhaltensweisen durchgesetzt haben.

Für die zwischenmenschliche Interaktion ist die Sprache wesentlich und charakteristisch. Menschliches Leben heißt „In-der-Sprache-sein". Durch Sprache teilen wir Beschreibungen und Beobachtungen mit, aber wir können auf einer Metaebene auch über die Beobachtung unserer Beobachtungen sprechen, wir können uns über die Gültigkeit unserer Beobachtungen verständigen. So enthalten die Forschungen Maturanas und Varelas Erkenntnisse über unser Erkennen, also ein Erkennen zweiter Ordnung, ein selbstreflexives Sprechen. „Wir machen Beschreibungen der Beschreibungen, die wir machen (wie es auch dieser Satz tut)." (S. 228). Die Fähigkeit zur Metakommunikation wird uns noch aus pädagogischer Sicht beschäftigen.

Wir selber erzeugen unsere Wahrnehmungen und Erkenntnisse; es gibt für uns keine objektiven Welten und Wahrheiten. Um auf P. Sloterdijk zurückzukommen: Erst haben wir Gott verloren, jetzt erkennen wir, daß uns die Welt fremd ist und bleiben wird. „Dieses Schwindelgefühl rührt daher, daß wir keinen festen Bezugspunkt mehr haben, an dem wir unsere Beschreibungen verankern und mit Bezug auf den wir ihre Gültigkeit behaupten und verteidigen können." (Maturana, Varela 1984, S. 258 f.) Wir können unsere „blinden Flecken" nicht beseitigen, aber wir können uns unserer blinden Flecken bewußt werden. Und hierin liegt die geheime ethische Botschaft. „Die Erkenntnis der Erkenntnis verpflichtet. Sie verpflichtet uns zu einer Haltung ständiger Wachsamkeit gegenüber der Versuchung der Gewißheit." (S. 263) Aufgeschlossenheit gegenüber Andersdenkenden, wachsame Toleranz könnte ein Ergebnis dieser Erkenntnistheorie sein. Wir können nur überleben, wenn wir mit anderen zusammenleben, die andere Wahrnehmungen und Ansichten haben als wir. So gelangen die Biologen zu einer überraschenden Quintessenz, indem sie einen nicht naturwissenschaftlichen Begriff, nämlich den der Liebe einführen: „Dies ist die biologische Grundlage sozialer Phänomene: Ohne Liebe, ohne daß wir andere annehmen und neben uns leben lassen, gibt es keinen sozialen Prozeß, keine Sozialisation und damit keine Menschlichkeit." (S. 266)

Die Frage, wie unterschiedliche Ansichten und Deutungen selbst in einer Kultur und in einer Epoche zustande kommen, erörtert F. Varela in einem Buch über „Kognitionswissenschaft – Kognitionstechnik" ausführlicher.

Er kritisiert das kognitionstheoretische Repräsentationsmodell, das Erkennen als subjektives Abbilden objektiver Wirklichkeiten definiert. Ein Beispiel für dieses Modell ist die materialistische Erkenntnistheorie marxistischer Prägung. So wurde Lernen in der DDR-Pädagogik als subjektive Widerspiegelung von Objektivität, als Aneignung des Seins, als Abbildung außersubjektiver Welt erklärt. Vereinfacht gesagt: Das Sein prägt das Bewußtsein.

Varela distanziert sich aber auch von dem Konnektionismus, der lediglich neuronale Netzwerke ohne Rücksicht auf die Lebenswelten und Lebensverhältnisse des Menschen, ohne Verbindungen mit der Außenwelt, also gleichsam das Gehirn wie einen Automaten behandelt und die Koppelungen unseres Nervensystems mit der Umwelt vernachlässigt. Stattdessen knüpft Varela das

Erkennen an den Sinn und die Bedeutung der Erkenntnisinhalte, und er rehabilitiert einen scheinbar unwissenschaftlichen Begriff, der in Vergessenheit geraten ist: den gesunden Menschenverstand. Erkenntnis hat mit der Bewältigung von Lebensproblemen zu tun. Allerdings: „Diese Probleme sind nicht vorgegeben, sondern werden handelnd erzeugt, aus einem (Hinter-/Unter-)Grund hervorgebracht. Was wichtig ist, wird vom gesunden Menschenverstand mit Bezug auf den Handlungszusammenhang bestimmt." (Varela 1990, S. 90). Dieser gesunde Menschenverstand, unser Alltagswissen aber hat eine Geschichte – übrigens auch eine körperliche Geschichte. Schon Cicero hatte vor 2000 Jahren in „Cato major – de senectute" festgestellt, daß ältere Menschen das, was ihnen wichtig ist, keineswegs vergessen: „Alte Leute wissen alles, worum sie sich Sorgen machen: Anberaumte Gerichtstermine, ihre Schuldner und Gläubiger ... Nur eifriges Interesse braucht weiterzuwirken, dann bleiben die Geisteskräfte im Alter erhalten."

Varela schreibt: „Der Grundgedanke besteht also darin, daß kognitive Fähigkeiten untrennbar mit einer Lebensgeschichte verflochten sind, wie ein Weg, der als solcher nicht existiert, sondern durch den Prozeß des Gehens erst entsteht." (Varela 1990, S. 110). Der Sinn des Erkennens ist nicht, äußere Wirklichkeiten abzubilden, sondern erfolgreiche Handlungen zu ermöglichen, unsere selbstgestellten Probleme zu lösen und dabei mit anderen zu kommunizieren, „in eine mit anderen geteilte Welt einzutreten" (S. 111).

Versuchen wir, die Besonderheiten des Konstruktivismus sprachlich „auf den Punkt“ zu bringen:

- Zugänglich ist uns nicht die äußere *Realität*, sondern die *Wirklichkeit*, das, was in uns etwas bewirkt.
- Wir *entdecken* nicht eine vorhandene Welt, sondern wir *erfinden* Welten.
- *Objektivität* der Erkenntnis ist nicht möglich, wohl aber *Intersubjektivität*, d.h. Verständigung mit anderen.
- Lernen heißt nicht, Vorgegebenes *abbilden*, sondern Eigenes gestalten.
- Nicht lineare *Kausalität* bestimmt unsere Welt, sondern *Wechselwirkung*.

Pädagogische Schlüsselbegriffe

Selbstorganisation

Begriffe wie Autopoiesis, selbstreferentielles System, operationale Geschlossenheit verweisen darauf, daß unser Nervensystem zwar mit der Umwelt interagiert, aber doch eigengesetzlich und eigendynamisch eine eigene Wirklichkeit erzeugt. Am Rande sei vermerkt, daß der von Maturana und Varela verwendete Begriff Autopoiesis innerhalb der Biologie umstritten ist. Das Gehirn – so die Kritiker – funktioniert nicht selbständig, sondern ist auf Energie und „Lebensmittel“ aus der Umwelt angewiesen. Auch erkenntnistheoretisch ist Wissen kaum denkbar ohne Informationen „von außen“. So ist die Autonomie eines Organismus gegenüber der Umwelt immer nur relativ. Deshalb schlägt G. Roth vor, „den Begriff der Autopoiese in die beiden Teilaspekte der Selbstherstellung und der Selbsterhaltung aufzutrennen, wobei Selbstherstellung das allgemeinere Phänomen ist, da es auch bei nichtlebenden, komplexen biochemischen oder physikalischen Systemen zu finden ist, und Selbsterhaltung das spezifische, das nur bei Lebewesen zu finden ist.“ (Roth 1987, S. 264)

Wie selbständig unser Gehirn agiert, zeigt sich daran, daß wir unser Denken nur bedingt durch unseren Willen steuern oder „abschalten“ können, daß wir nur bedingt „nicht denken“ können. Unser Wahrnehmen und Erkennen ereignet sich jedoch nicht in einem Vakuum, nicht in

einem geschichtslosen Raum, sondern ist geprägt durch
- die gattungsgeschichtliche Evolution
- kulturelle, gesellschaftliche Muster
- lebensgeschichtliche Erfahrungen, Anforderungen und Erwartungen

Die Art und Weise, wie wir unsere Welt konstruieren, hängt nicht zuletzt ab von unserer Sozialisation, unserer Lerngeschichte, unseren Lebensverhältnissen, unseren Zukunftsperspektiven. Je älter wir sind, desto größer sind die individuellen Differenzen und Variationen der Aufmerksamkeit und der kognitiven Prozesse. Fragt man mehrere Personen, an welche Nachrichten aus der Tagesschau oder an welche Informationen aus einer Vorlesung sie sich erinnern, so wird man meist sehr unterschiedliche Berichte erhalten, wobei diese Unterschiede nicht zufällig sind, sondern einen biographischen Erfahrungs- und Verwertungshintergrund haben. Der Konstruktivismus erklärt also das Phänomen „erkenntnisleitender Interessen". Neues Wissen wird „biographisch synthetisiert" (Ziehe 1982, S. 191), d.h. es wird an vorhandene Erfahrungen angepaßt, umgedeutet, zurückgewiesen oder auch als widerständig „aufbewahrt".

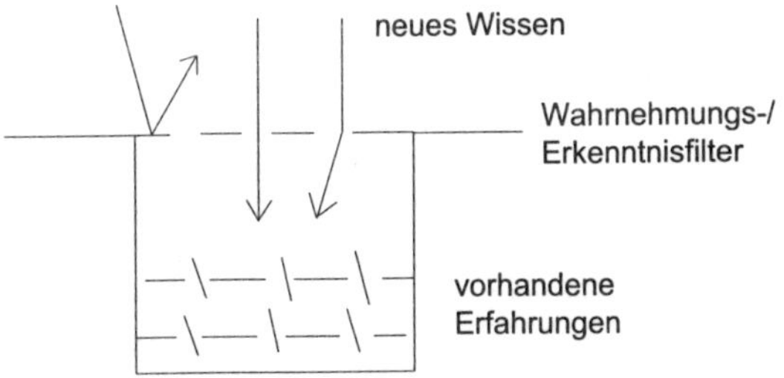

Diese strukturierende Leistung unseres Nervensystems ermöglicht uns eine „kohärente Wahrnehmungswelt“ (G. Roth). Unsere Wahrnehmungen erfolgen nicht willkürlich, sondern gezielt und geordnet. Würden wir wahllos alle Impulse wahrnehmen, so wären wir total überlastet, verwirrt und handlungsunfähig. Selektive Wahrnehmung ist gleichsam handlungs- und überlebensnotwendig.

Die selbstreferentielle Geschlossenheit unseres Nervensystems ist die Grundlage menschlicher Autonomie und Selbstbestimmung und damit auch Selbstverantwortung. Wir sind gegenüber der Umwelt offen und nicht – wie ein Reflexsystem – festgelegt und determiniert. Die Flexibilität des menschlichen Gehirns hat der Menschheit – bisher – ein Überleben gesichert. Unser Gehirn unterscheidet Wichtiges von Unwichtigem, ermöglicht ein Wiedererkennen, z.B. von Menschen trotz Veränderungen. Wir können Gegenstände aus unterschiedlicher Perspektive und in wechselnden Kontexten identifizieren. „Abstraktion, Invariantenbildung, Objektkonstanz sind Leistungen, die für das Überleben in komplexen, flukturierenden Umwelten lebensnotwendig sind.“ (Roth 1987, S. 248). Ebensowenig wie Erkennen Abbildung einer äußeren Realität ist, ist Lernen lediglich rezeptive Informationsverarbeitung. Lernen ist nicht nur eine Reaktion auf Lehren, nicht die Kehrseite des Lehrens, sondern ist eine Selbsttätigkeit (von reinem Konditionierungslernen und mechanischem Training abgesehen). Wenn unser Lernprozeß aber in einem selbstreferentiellen System erfolgt, ist Lernen mit zunehmendem Alter immer weniger pädagogisch planbar, organisierbar, kontrollierbar. Lehre und

Lernen sind zwei gekoppelte, aber selbständige, selbstreferentielle Prozesse. Teilnehmer/innen der Erwachsenenbildung haben – zum Glück – „ihren eigenen Kopf", „lassen sich nichts vormachen".

Die neurophysiologische Einsicht in die operationale Geschlossenheit des Nervensystems begründet also einen menschlichen Lernbegriff als Selbstorganisation. „Lebendige Systeme sind somit bis zu einem gewissen Grade autonom, d.h. sie organisieren und regulieren sich selbst, selbst minimalste Ursachen können gigantische Wirkungen haben. Ursache und Wirkung ... können sogar ihre Eindeutigkeit verlieren, so daß wir nicht mehr wissen, was Ursache und was Wirkung ist." (Arnold 1993, S. 25) Unser Lernsystem ist komplex, dynamisch, auch störanfällig. Es kann nicht auf „Lehre" – im weitesten Sinne – verzichten, aber gutgemeinte pädagogische Interventionen wirken häufig „kontraproduktiv", d.h. provozieren Bumerang-Effekte: Man merkt die Absicht und ist verstimmt. Die meisten Dozent/innen der politischen Erwachsenenbildung wissen davon ein Lied zu singen.

Wenn wir das Prinzip der Selbstorganisation des Lernprozesses ernstnehmen, hat das weitreichende Konsequenzen für die Theorie und Praxis der Lehre. Der/die Lehrende schafft „lediglich" „Bedingungen für die Selbstorganisation der Lernenden. Mit anderen Worten ‚erzeugt' der Lehrer nicht mehr das Wissen, das ‚in die Köpfe der Schüler soll', er ‚ermöglicht' Prozesse der selbsttätigen und selbständigen Wissenserschließung und Wissensaneignung." (Arnold 1993, S. 53)

Auf ein Schlagwort reduziert: Die „Belehrungsdidaktik" wird durch eine „Animationsdidaktik" ersetzt. Lehrende können Deutungsangebote machen. Ob eine Information bedeutungsvoll ist, hängt von lebensgeschichtlichen Erfahrungen ab und muß deshalb von jedem/r selber entschieden werden.

Schon Sokrates bezweifelte im Gespräch mit Menon, ob Lernen lehrbar sei.

„Menon: Sokrates, aber meinst du ganz allgemein, daß wir nicht lernen, sondern daß das, was wir lernen nennen, ein Sicherinnern ist? Kannst du mich lehren, daß es so ist?
Sokrates: Du bist schlau, Menon; jetzt fragst du, ob ich dich lehren kann. Dabei behaupte ich ja gerade, daß es keine Belehrung gibt, sondern nur Erinnerung."

Erwachsene – so scheint es – sind lernfähig, aber unbelehrbar.

Das Prinzip der Selbstorganisation gilt nicht nur für das individuelle Nervensystem, sondern auch für soziale Systeme, z.B. für eine Schulklasse oder eine Seminargruppe. Auch solche Gruppen entfalten oft eine Eigendynamik. Wie bei dem Schmetterlingseffekt in der Metereologie haben minimale Anlässe oft eine große Wirkung: Ein Defekt am Overhead-Projektor konterkariert den brillantesten Folien-Vortrag, eine Wespe im Raum zieht die gesamte kollektive Aufmerksamkeit auf sich. Bei einer Manöverkritik äußern sich 19 Teilnehmer/innen zufrieden, der 20. entdeckt „ein Haar in der Suppe" und die gesamte Stimmung in der Gruppe kippt um ...

Lernprozesse in einer Gruppe können nur bedingt organisiert und gesteuert werden. Da aber auch die Lehrenden Mitglieder der Gruppe sind, können sie die Lernprozesse auch mitgestalten, und zwar weniger im Sinne linearer Kausalität, sondern mehr im Sinne dynamischer Interdependenz.

Viabilität

Nach welchem Maßstab erfolgt die epistemische Konstruktion unserer Wirklichkeit? Nicht nach dem Maßstab einer ontologischen Wahrheit, sondern nach dem der Viabilität (viability). Nach F. Varela „dient das Gehirn also vor allem dem ständigen Hervorbringen von Welten im Prozeß der viablen Geschichte von Lebewesen; das Gehirn ist ein Organ, das Welten festlegt, keine Welt spiegelt." (Varela 1990, S. 109)

Etymologisch ist Viabilität auf lateinisch „via" = Weg zurückzuführen und meint Gangbarkeit, auch Passung, Funktionieren. Die Farbenwelt eines Lebewesens ist viabel, wenn sie ein Überleben und erfolgreiche Handlungen ermöglicht – z.B. der Biene den Weg zum Blütenstaub zeigt. Auch unser Wissen ist viabel, wenn es uns eine Orientierung erleichtert und unser Handeln begründet und insgesamt Überleben ermöglicht. Vor allem der Amerikaner Ernst von Glasersfeld, der als erster den Begriff des radikalen Konstruktivismus geprägt hat, verwendet Viabilität als Schlüsselkategorie. Eine Wahrnehmung, eine Erkenntnis, ein Wissen ist viabel, wenn es zu mir und meiner Umwelt „paßt“ und die Erreichung meiner Ziele erleichtert. Die Frage, ob dieses Wissen objektiv richtig ist, ist irrelevant. Wissen ist ein instrumenteller, subjektiver Begriff – im Unterschied zu Informationen, die unabhängig von mir vorhanden sind. *Ich* weiß etwas, ich habe ein *Bewußtsein* und ein *Gewissen*. Je nach der Verwendungssituation ist ein anderes Wissen nötig und „passend“. Glasersfelds Bild ist häufig zitiert worden: Ein blinder Wanderer, der sich im Wald verirrt hat, interessiert sich nicht für die Beschaffenheit und Qualität der Bäume, sondern für die Zwischenräume zwischen den Bäumen. Seine kognitive Landkarte hat den Zweck, ihm einen Weg aus dem Wald heraus zu weisen.

„Die Umstellung von der herkömmlichen Auffassung, die das Ziel von Wahrnehmung, Erkenntnis und Wissenschaft in einer möglichst ‚wahrheitsgetreuen‘ Darstellung der ‚Wirklichkeit‘ sieht, zu einer instrumentalen Anschauung, die von Wahrnehmung, Begriffen und Theorien nur Viabilität, also Brauchbarkeit im Bereich der Erlebenswelt und des zielstrebigen Handelns verlangt, hat weitreichende Konsequenzen für unser Weltverständnis“ (v. Glasersfeld 1985, S. 12).

Diese Sichtweise erinnert an den amerikanischen Pragmatismus. Auch diese pragmatische Sicht ist nicht die einzig mögliche, auch sie läßt sich auf ihre Viabilität, auf ihre Funktionalität hin überprüfen. Niemand wird bestreiten, daß auch die Wahrheitssuche Fausts, die Suche nach der Einsicht in das, was die Welt im Innersten zusammenhält, eine Wirklichkeit ist. Doch unser Alltag wird weniger von diesem metaphysischen Erkenntnisdrang und mehr von dem pragmatischen Interesse, sich in einer unübersichtlichen, kontingenten und komplexen Welt zurechtzufinden und zurechtzukommen, bestimmt. Insofern ist diese Erkenntnistheorie eine viable Grundlage für eine Didaktik der Erwachsenenbildung. Auch hier gilt: „Der Radikale Konstruktivismus beansprucht lediglich, ein Modell zu sein, d.h. ein Konstrukt, dessen Wert ausschließlich auf seiner Viabilität beruht." (v. Glasersfeld 1992, S. 32)

Solange unser Wissen und Können sich als viabel erweisen, solange also ein Gleichgewicht intrapersonal und interpersonal, also in mir und mit meiner Umwelt besteht, ist der Lernbedarf gering. Wenn unser Weltbild aber brüchig wird, wenn unsere Orientierungen und Problemlösungen nicht mehr funktionieren, wenn Widersprüche – z.B. in unserer Einstellung gegenüber Fremden oder in unserem ökologischen Handeln – unübersehbar werden, ist (Um-)Lernen erforderlich, um ein neues Gleichgewicht herzustellen.

Viabilität ist also ein zentrales Motiv zur Weiterbildung. Viabilität ist aber auch evolutionstheoretisch und gattungsgeschichtlich aufschlußreich. Mithilfe seiner instrumentellen Vernunft und Zweckrationalität ist es dem Menschen der europäischen Moderne gelungen, sich die Natur und große Teile der Welt untertan zu machen, seine Überlebenschancen und Lebensbedingungen zu verbessern. Das kausalanalytische naturwissenschaftliche Denken und die kapitalistisch organisierte Industriegesellschaft waren lange Zeit viabel, d.h. funktional und für die Europäer zweckmäßig. Jetzt aber scheinen wir eine Phase erreicht zu haben, in der die technischen und ökonomischen Errungenschaften kontraproduktiv und kontraintentional werden, in der die gewollten und ungewollten destruktiven Folgen die Vorteile übersteigen, in der wir – wie der Zauberlehrling – unseren eigenen technischen Fortschritt nicht mehr human und vernünftig kontrollieren können. Das System droht aus den Fugen zu geraten, das Gleichgewicht ist fundamental gestört, die Viabilität unseres technokratischen und egoistischen, unseres zukunftsblinden profitorientierten Denkens ist infrage gestellt. Unsere modernen Wirklichkeitskonstruktionen sind destruktiv geworden. *Wir benötigen zum Überleben eine Rekonstruktion unserer Wirklichkeit.*

Ob pragmatische Nützlichkeitserwägungen einen solchen Wertewandel garantieren, ist jedoch zweifelhaft. Der Begriff Viabilität ist primär kognitivistisch und zweckrational. Er muß möglicherweise affektiv untermauert werden. S. Schmidt weist auf das Konzept der „Affektlogik" des Psychiaters Luc Ciompi hin, der sich ausdrücklich auf Maturana und Varela beruft. Unsere Wirklichkeitskonstruktion ist nicht nur eine kognitive, sondern auch eine affektive Leistung, Denken und Fühlen sind neuronal eng verknüpft und beeinflussen sich wechselseitig. Auch unsere sinnlichen Wahrnehmungen sind affektiv gesteuert, und sie beeinflussen wiederum unsere Gefühle. Zugleich haben menschliche Affekte ihre eigene Logik, die nicht identisch ist mit der Logik des Denkens. „Nach Ciompi haben Gefühle direkten Bezug zum ganzen Körper ... Denken dürfte sich entwicklungsgeschichtlich aus dem Fühlen heraus entwickelt haben." (Schmidt 1987, S. 61). Denken und Fühlen sind „komplementäre und einander ebenbürtige überlebensnotwendige Weisen der Wirklichkeitserfassung."

Human-, sozial- und umweltverträgliches Denken und Handeln – so unsere These – resultieren nicht zwangsläufig aus dem Prinzip der Viabilität. Das ungebremste Nützlichkeitsdenken hat auch egoistisches, kolonialistisches, naturzerstörerisches Handeln zur Folge gehabt. Die utilitaristische Kalkulation, daß die Schonung der Natur und gerechte terms of trade mit „unterentwickelten" Ländern *für uns* nützlich und zweckmäßig sind, muß durch eine Affektkultur, durch Gefühle wie Naturliebe und Fremdenfreundlichkeit ergänzt werden.

Reframing

Wenn ein Weltbild sich als nicht mehr viabel erweist, kann eine Rekonstruktion, eine Umdeutung, ein „reframing" erforderlich sein. Solche Rekonstruktionen sind meist lernintensiv, sie erfordern ein Verlernen gewohnter Deutungen und Verhaltensweisen und neues Wissen, neue Ansichten. Der englische Begriff reframing weist darauf hin, daß oft ein neuer „Rahmen", ein neues Bezugssystem für unsere Wertungen und Interpretationen benötigt wird.

Ein Beispiel: Jemand, der Ausländer bisher lediglich als Mitkonkurrenten um Arbeitsplätze bewertet hat, wird nach einem Unfall in ein Krankenhaus eingeliefert und stellt jetzt fest, daß er ohne ausländische Ärzte und Krankenschwestern gar nicht medizinisch versorgt werden könnte. Er beginnt, Ausländer „mit anderen Augen" zu sehen.

Vor allem Paul Watzlawick hat solche Umdeutungen als therapeutische Methode bekanntgemacht: „Diese Intervention konstruiert einen neuen Wirklichkeitsaspekt anstelle eines bisherigen, wobei der neue den praktischen Gegebenheiten genauso oder noch besser entspricht als der alte." (Watzlawick 1985, S. 79).

Meist neigen wir dazu, „mehr desselben" zur Lösung eines Problems zu verwenden, anstatt die gesamte Situation neu zu bewerten. So werden Krankheiten mit immer mehr Medikamenten behandelt, Erziehungsprobleme sollen durch immer längere Beschulungen gelöst werden. Frieden soll durch immer modernere Waffen gesichert werden. Der Verkehrskollaps soll durch immer breitere Autobahnen hinausgezögert werden.

Von Watzlawick stammt auch die folgende Anekdote: „Unter einer Straßenlaterne steht ein Betrunkener und sucht und sucht. Ein Polizist kommt daher, fragt ihn, was er verloren habe, und der Mann antwortet: ‚Meinen Schlüssel.' Nun suchen beide. Schließlich will der Polizist wissen, ob der Mann sicher ist, den Schlüssel gerade hier verloren zu haben, und jener antwortet: ‚Nein, nicht hier, sondern dort hinten – aber dort ist es viel zu finster.'" (Watzlawick 1983, S. 27)

Ein reframing und entsprechende Lernprozesse sind häufig anstrengend und irritierend, sie haben oft kritische Bilanzierungen der eigenen Biographie zur Folge und führen nicht selten zu psychohygienischen Verunsicherungen. So werden Störungen des Gleichgewichts und Widersprüche der Wirklichkeitskonstruktion oft ignoriert, verdrängt, bagatellisiert. Die Psychoanalyse hat auf ein ganzes Arsenal an Rationalisierungen, Vermeidungsreaktionen und Abwehrmechanismen aufmerksam gemacht. In der Tat benötigen wir eine gewisse Kontinuität und Stabilität unserer Lebenswelt und können uns nicht permanent umstellen und aus der Bahn werfen lassen.

Zwischen konservativer Beharrlichkeit und Aufgeschlossenheit für neue Sichtweisen muß ständig neu eine Balance hergestellt werden. Lehrende der Erwachsenenbildung, die mit den Teilnehmer/innen zu ungeduldig und zu aufdringlich sind, haben wenig Erfolg. Die Dozent/innen können ihre Deutungen und Bedeutungen nicht auf die Teilnehmenden übertragen. Thomas Ziehe spricht davon, daß Erwachsene Zeit benötigen, um sich an eine neue Sicht zu gewöhnen.

„Der subjektive Anwendungswert eines Inhalts ist Ausdruck einer Balance zwischen der Erweiterung und der Erneuerung eigener Realitätsdeutung und dem Schutz und der Sicherung des bisherigen, ‚bewährten' Welt- und Selbstbildes. Nicht der Abriß der Altbauten, die Sanierung durch Kahlschlag, ist unser Modell für Lernprozesse, sondern die Stück-für-Stück-Renovierung entlang der Wohnerfahrungen und Verbesserungsvorstellungen der Hausbewohner selbst ... In einer Bildungssituation sollten die Lernenden darin unterstützt werden, diese konservativ eingebundene Energie selbst freisetzen zu können, und sei es nur temporär und probeweise. Entscheidend

allerdings dürfte sein, daß die freigesetzte Energie in der Verfügung des Subjekts bleibt und nicht vom Teamer oder anderen Teilnehmern für deren Zwecke vereinnahmt wird!" (Ziehe 1982, S. 171 f.)

Erwachsenenbildung kann im Normalfall nicht als Umerziehung konzipiert werden. Erwachsenenbildung ist in der Regel auch kein Instrument zur unmittelbaren Identitätskrisenbewältigung. Und Erwachsenenbildung ist kein Spielfeld für Missionare und Weltverbesserer. Erwachsenenbildung ist eine Gelegenheit, in relativer Distanz zu den Zwängen und Handlungsnotwendigkeiten des Alltags seine Wirklichkeitskonstruktionen zu überdenken, mit anderen zu vergleichen, durch neues Wissen anzureichern, neue Sichtweisen kennenzulernen.

„Es wird wohl deutlich, daß wir entschieden Wert darauf legen, eine fortwährende Balance zwischen dem Erproben des ‚Neuen' und dem sichernden Rückgriff auf ‚Altes' aufrechtzuerhalten ... Allenfalls erleben die Lernenden Angebote, in denen sie *Reservoire* in sich bilden können, Reservoire neuer Deutungen ihres Welt- und Selbstbildes... Identitätsrelevanz erhalten diese Reservoire erst in Phasen biographischer Brüche und biographischer Verdichtung. Solche Phasen sind aber keineswegs zeitlich identisch mit der Lernsituation, also mit dem Ausbilden der Reservoire. Zunächst wird man sich den Bildungsprozeß so vorstellen müssen, daß die Reservoire sich *neben* dem bewährten Wissen und den konservativen Besetzungen ablagern. Dies ist kein Entweder-Oder, sondern eine Parallelität." (Ziehe 1982, S. 179)

Das schließt nicht aus, daß Bildungsarbeit auch immer wieder die Viabilität des Gewohnten infrage stellen muß, daß sie das scheinbare Gleichgewicht, das scheinbar Selbstverständliche und Unveränderliche erschüttern muß. Ein reframing ist kein Selbstzweck. Werden Techniken des reframing sozialtechnologisch eingesetzt, so geraten sie in die Nähe von Konditionierungsprogrammen. Auch die Anpassung an gesellschaftliche Veränderungen ist noch keine hinreichende Begründung für Umdeutungen. Es kann durchaus sinnvoll sein, sich neuen Trends und Moden zu widersetzen, sich „konservativ" und eigensinnig zu verhalten. Auch reine Zweckmäßigkeitserwägungen reichen als Legitimation nicht aus. Pädagogische Grundlage für Anregungen zu einem reframing ist Vernunft als die Fähigkeit, eigene Interessen mit Interessen des Gemeinwohles, der Menschheit und der Zukunft in Einklang zu bringen.

Sprache

Auch wenn unser Gehirn ein selbstreferentielles, operational geschlossenes System ist, so ist es doch mit anderen Menschen „gekoppelt" Unsere Wirklichkeit besteht teils aus angeborenen Verhaltensmustern, teils aus erlernten, durch soziale Interaktion erworbene Bedeutungen. Unsere Lebenswelt ist vor allem eine sprachliche Wirklichkeit, die Kommunikation ermöglicht. Wir beschreiben und definieren unsere Wirklichkeit. Wer über „Definitionsmacht" verfügt, kann auch Macht über Menschen ausüben. Stigmatisierungen und Ausgrenzungen von

Minderheiten erfolgen auch durch Sprache, durch „Zuschreibungen“.

Am 4. März 1994 (also nicht am 1. April) berichtete die Tagespresse, daß die französische Regierung den Gebrauch angelsächsischer Wörter verbieten und bestrafen will. Begriffe wie shopping, cool, fast food, jogging, playback sollen in Zukunft tabu sein. „So bedrohlich kommt der Pariser Regierung inzwischen der Vormarsch ausländischer, vornehmlich amerikanischer Wörter vor, daß sie nun mit einem ‚Gesetz über den guten Gebrauch der französischen Sprache‘ eine linguistische Säuberung einleiten will.“ (Hannoversche Allgemeine Zeitung, 4. März 1994, S. 4) Behörden, aber auch die Werbung dürfen nur noch französische Wörter verwenden. Dies gilt auch für Stellenanzeigen, Gebrauchsanweisungen, Arbeitsverträge u. ä. Zuwiderhandlungen sollen mit Geldbußen oder auch Gefängnisstrafen bis zu 6 Monaten geahndet werden. Die Polizei, aber auch Verbraucher und Sprachvereinigungen sollen Anzeige erstatten können.

Wir Menschen konstruieren und rekonstruieren unsere Wirklichkeit vor allem mithilfe unserer Sprache. Wir können uns etwas einreden und ausreden, wir überreden jemanden und zerreden etwas. Wir reden aneinander vorbei und wir reden uns gut zu. Wir sprechen jemandem eine Fähigkeit ab und wir versprechen etwas. Wir sagen etwas zu, und wir sagen einen Termin ab, wir versagen und wir verhören uns. Wir überhören etwas, eine Frau erhört ihren Liebhaber, und wir führen eine Anhörung und ein Verhör durch. Wir hören zu und wir hüllen uns in Schweigen. Sprache und Handlung sind eng verknüpft:

gesagt – getan, ein Mann – ein Wort, wir ge-horchen, jemand wird ent-mündigt.

Mit Ludwig Wittgenstein behaupten die Rekonstruktivisten: Die Grenzen unserer Sprache sind die Grenzen unserer Welt. Sprache verbindet, und Sprache trennt. Sprache kann trösten und helfen, und Sprache kann zerstören. Die poetische Sprache schafft eine andere Welt als die wissenschaftliche Sprache.Wir leben in einer Welt sprachlicher Übereinkünfte. Sprache ermöglicht es uns, über unsere Erkenntnisse, Beobachtungen und Beschreibungen zu sprechen; also eine Metasprache zu gebrauchen. Der Konstruktivismus spricht von Beobachtungen und Wirklichkeiten zweiter Ordnung. Wir erkennen nicht das „was", wohl aber das „wie" unserer Erkenntnis. Wir können uns bei unseren Beobachtungen beobachten, uns gleichsam über die Schulter schauen. Wir können über unsere sprachlichen Konstruktionen sprechen, wir können auch über die Grenzen unserer Sprache sprechen: „ich bin sprachlos", „mir fehlen die Worte", „ich fühle mich unsäglich wohl". Wir können unsere Gesprächspartner fragen, ob wir uns verständlich ausgedrückt haben, ob sie eine Formulierung akzeptieren können.

So ist „Metakommunikation" zu Recht ein unverzichtbarer Bestandteil von Bildungsarbeit. Gerade weil wir lebensgeschichtlich geprägte unterschiedliche Erfahrungen gemacht haben, müssen die Differenzen und unterschiedlichen Deutungen zur Sprache gebracht und verglichen werden. „Lernen" heißt nicht wechselseitige Bestätigung des Bestehenden, sondern Interesse an der Differenz, an der Sicht des Andersdenkenden, an der reflexiven Vergewisserung, warum wir so und nicht anders denken und beobachten. Dies ist die konstruktivistische Pointe des reflexiven Lernens: wir beobachten unsere Beobachtungen – z.B. auch unsere Projektionen, selektiven Wahrnehmungen, Rationalisierungen, Vermeidungsreaktionen ... Und als Pädagog/innen beobachten wir die Beobachtungen der Lernenden.

„Ein Beobachter ... macht sprachliche Unterscheidungen sprachlicher Unterscheidungen, oder, wie ein anderer Beobachter sagen würde, ontogenetisch erzeugte Beschreibungen von Beschreibungen." (Maturana, Varela 1987, S. 228) Diese reflexive Fähigkeit macht menschliches Bewußtsein und Selbstbewußtsein aus. Wir leben nicht (oder kaum) instinktiv, sondern messen mithilfe unserer Sprache Phänomenen Sinn und Bedeutung zu. Unsere Sprache macht unser Ich, unsere Besonderheit aus – und gleichzeitig leben wir gemeinsam mit anderen in einer sozial gekoppelten Welt. Sprache spiegelt – konstruktivistisch gesehen – eine äußere Welt nicht wider, bildet sie nicht ab, sondern Sprache bringt eine Welt hervor, Sprache ist unser Existenzmedium.

Sprache ist kommunikatives Handeln, nicht zuletzt zwischen Deutschen und Ausländern: „Wir sprachen früher von ‚Gastarbeitern', obwohl Gäste in der Regel nicht arbeiten müssen. Wir sprechen heute von ‚ausländischen Mitbürgern', obwohl Bürger ohne Bürgerrechte nichts weniger sind als Mit-Bürger. Wir verwenden wahl- und verlegenheitsweise Begriffe wie Immigranten, Emigranten oder auch nur Migranten, und keiner paßt wirklich. Weil das so ist, gerät das Sprechen über Ausländer in

Deutschland zunehmend zu einem Sprechen, das nur noch in An- und Abführungszeichen möglich ist. Und weil die Sprache unmittelbar den Umgang bedingt, findet sich auch der Umgang miteinander zunehmend in An- und Abführungszeichen eingekesselt wieder." (Tsapanos 1993, S. 8)

Doch auch unabhängig von der kommunikativen Funktion dient Sprache der Konstruktion und Stabilisierung unserer Wirklichkeit. Anders formuliert: Unsere Wirklichkeit ist wesentlich eine sprachliche Wirklichkeit, Sprache verschafft uns eine Ordnung und ermöglicht eine Handlungsorientierung. Ein Begriff wie „Mobiliar" bildet nicht äußere Gegenstände ab, sondern bezeichnet die Funktion unterschiedlicher Gegenstände für uns. Die Konstruktion und Rekonstruktion unserer Lebenswelt ist deshalb nicht zuletzt eine Leistung unserer sprachlichen Kompetenz.

Toleranz und Verantwortung

Alle anthropologischen Theorien und auch Erkenntnistheorien können der Frage nicht ausweichen, wie Vernunftfähigkeit und ethische Verantwortung möglich sind.

Maturana und Varela beantworten diese Frage soziobiologisch: Alles, was wir denken und tun, geschieht in Koexistenz mit anderen. Jede/r einzelne ist auf andere angewiesen, so daß kooperatives, solidarisches Handeln gleichsam naturnotwendig entsteht. Diese Koexistenz ist eine Gewißheit, die einen „sozialen Imperativ“ beinhaltet. „Es ist eine Ethik, die aus der menschlichen Reflexion entspringt und die die Reflexion, die das Menschliche ausmacht, als ein konstitutives soziales Phänomen in den Mittelpunkt stellt.“ (Maturana, Varela 1987, S. 264) Die Erkenntnis, ständig auf Mitmenschen angewiesen zu sein, erzwingt geradezu eine vernünftige Zusammenarbeit. Allerdings – so ist einzuwenden – zeigt die Geschichte, daß diese Erkenntnis Menschen nie daran gehindert hat, andere Menschen und die Natur auszubeuten.

„Absoluter Wahrheitsanspruch führt notwendig zur Unterdrückung“, stellt S. Schmidt fest (1987, S. 47), und für diese These lassen sich zahllose historische Belege nennen. Schmidt spricht sogar von einem „Wissens- und Wahrheitsterrorismus“ (S. 64). Doch ob der Umkehrschluß gilt, daß der Verzicht auf einen Wahrheitsanspruch Egoismus und Ungerechtigkeit ohne weiteres verhindert, ist zu bezweifeln.

Auch P. Watzlawick argumentiert ethisch. Die konstruktivistische Erkenntnistheorie impliziert zwei normative Postulate, nämlich Toleranz und Verantwortung. Toleranz gegenüber Andersdenkenden aufgrund der Einsicht in die Begrenztheit und Subjektivität des eigenen Erkennens. Verantwortung für uns selbst und andere aufgrund der Erkenntnis, daß wir nicht determiniert sind, sondern selbständig denken und entscheiden können.

Ähnlich wie die Philosophen der Postmoderne kritisiert Watzlawick das totalitäre Potential aller Ideologien. „Ganz gleichgültig, was der Inhalt ist: rechts, links, religiös, abergläubisch, was immer. Die Auswirkungen, die man seit der Französischen Revolution geschichtlich nachweisen kann, sind von einer erschreckenden Stereotypie: Die Systeme, die sich alle angeblich mit Humanisierung der Welt befassen, führen alle ins Inhumane." (Watzlawick 1988, S. 27) Alle, die den Stein der Weisen gefunden zu haben behaupten, sind gefährlich. Auch Watzlawick formuliert in Anlehnung an H. von Foerster einen ethischen Imperativ: „Handle stets so, daß weitere Möglichkeiten entstehen" oder – so könnte man hinzufügen – offengehalten werden. Da der Irrtum gleichsam zum Wesen menschlicher Erkenntnis gehört, da keine Erkenntnis absolut und endgültig ist, müssen wir vorsichtig handeln, um irreversible, lebensbedrohliche Weichenstellungen und Irrtümer zu vermeiden.

Watzlawicks Studien zur selffulfilling prophecy, denenzufolge Menschen sich so verhalten, wie wir sie sehen und wie wir es von ihnen erwarten, begründen eine wachsende Verantwortung. „Nun steht vor uns nicht nur die Möglichkeit völliger Verantwortung für uns selbst, sondern auch für unsere Erfindung und Herstellung von Wirklichkeiten für andere." (Watzlawick 1988, S. 73)

Die Konstruktivisten halten durchaus an dem Vernunftbegriff als Resultat kommunikativer Übereinkunft fest. Das vernünftige, erkennende Subjekt wird aufgewertet, gleichsam nach K. Marx und S. Freud wieder rehabilitiert. Der Konstruktivismus begründet die Autonomie des Menschen neu. „Sobald man einmal akzeptiert hat, daß alles Wissen die Konstruktion eines kognizierenden Subjekts ist, gewinnt das Subjekt so viel Autonomie, wie es unter den Beschränkungen der unerkennbaren Welt finden kann. Mit Autonomie aber ist Verantwortlichkeit verbunden. Unser Wissen determiniert weitgehend unser Handeln. Wenn wir also verantwortlich handeln wollen, dann müssen wir auch die Verantwortung übernehmen für die Art und Weise, in der wir die Welt sehen." (v. Glasersfeld 1992, S. 32)

Diese Argumentation ist plausibel, dennoch paßt das Postulat der Verantwortung nicht ohne weiteres zu der Kategorie der Viabilität, die auch ein egoistisches, sozialdarwinistisches Handeln nahelegt. Nützlich und zweckmäßig ist für das Individuum hier und heute nicht unbedingt eine Solidarität mit der sog. Dritten Welt, Engagement für globale Gerechtigkeit und für die Schonung der natürlichen Ressourcen. Der Nutzen ist auf das Leben in der Gegenwart, nicht auf die Bewahrung der Schöpfung in einer fernen Zukunft ausgerichtet.

Eine globale, auch ökologische Ethik läßt sich nicht allein soziobiologisch und naturalistisch begründen. So läßt sich ein „normatives Defizit" dieser biologischen Erkenntnistheorie m.E. nicht bestreiten. Diese Theorie ist anthropozentrisch: Der Mensch denkt und handelt so, daß er als Mensch „zurechtkommt". Mit einer solchen „anthropologischen Fixierung" geben sich aber Vertreter/innen einer ökologischen Ethik nicht zufrieden. (vgl. Kramaschki 1992, S. 253)

Die konstruktivistische Erkenntnistheorie ist m.E. eine notwendige, aber keine hinreichende Bedingung für tolerantes, verantwortliches Handeln. Doch es gibt eine andere, „politische“ Schwachstelle dieser Erkenntnis- und Handlungstheorie. Die Betonung der subjektiven Erkenntnisprozesse hat eine gewisse „Systemblindheit“ zur Folge. So ist zwar von zwischenmenschlicher Koexistenz und von sozialen Übereinkünften die Rede, nicht aber von Macht und Herrschaft, von gerechten oder ungerechten ökonomischen und politischen Systemen. Wessen Sichtweise durchgesetzt wird, ist auch eine Machtfrage. Wir leben nicht in einer Welt „herrschaftsfreier Diskurse“, sondern in macht- und profitgesteuerten Systemen und Apparaten. Unsere Gesellschaft besteht nicht nur aus erkennenden und kommunizierenden Subjekten.

Dem konstruktivistischen Handlungsbegriff fehlt eine politische, öffentliche Perspektive. Ein Engagement gegen soziale Ungerechtigkeit ergibt sich nicht ohne weiteres aus konstruktivistischen Zweckmäßigkeitserwägungen. Eine Ethik muß die Schaffung und Veränderung von Strukturen einschließen.

Der Konstruktivismus als „Bewußtseinsphilosophie“ stärkt die Autonomie und Selbstverantwortung des Menschen und bestreitet jeglichen Determinismus durch das „System“ und die gesellschaftlichen „Verhältnisse“. So notwendig eine solche Perspektive auch sein mag, so beinhaltet sie doch die Gefahr, strukturelle Ungerechtigkeiten und Machtverhältnisse zu übersehen und allein den einzelnen und seine Wirklichkeitssicht für seine soziale Lage oder auch für seinen Gesundheitszustand verantwortlich zu machen. Eine solche Schuldzuweisung muß dann den „Opfern“ der Systeme – den Arbeitslosen und

Behinderten, den Minderheiten und den Betroffenen von Bürgerkriegen – als Zynismus erscheinen.

Deshalb ist davor zu warnen, den Konstruktivismus als Rechtfertigung für die Ideologie des „positiven Denkens" zu mißbrauchen. Suggestion und Autosuggestion ist das Gegenteil des kritischen, reflexiven Denkens. „Wenn wir alle Probleme personalisieren, verlieren wir die Fähigkeit, Ideen zu entwickeln, wie wir das Allgemeine unserer eigenen oder der Erfahrungen eines anderen Menschen erkennen können oder lernen, abstrakt zu denken. Dann tritt Sentimentalität an die Stelle des Denkens." (Kaminer 1993, S. 64)

Zwar ist daran zu erinnern, daß der Konstruktivismus keine Gesellschaftstheorie, sondern eine Erkenntnistheorie ist und sein will. Dennoch ist darauf zu achten, daß diese Theorie nicht zur weiteren Entpolitisierung des gesellschaftlichen Bewußtseins mißbraucht wird. Der Unterschied zwischen Unterdrückern und Unterdrückten ist keineswegs nur Ansichtssache. Das Prinzip der „Viabilität" reicht nicht aus, um Widerstand gegen Ausbeutung von Natur und Menschen zu mobilisieren und politische Verantwortung zu übernehmen.

Anwendungsfelder

Da alle Wissenschaften sich mit menschlichem Erkennen und mit Wirklichkeiten beschäftigen, gibt es keine Wissenschaftsdisziplin, für die die konstruktivistische Perspektive irrelevant oder uninteressant wäre. Jede Theorie ist eine Konstruktion von Wirklichkeit, eine „Beobachtung II. Ordnung", denn Theorie heißt im Griechischen Beobachtung. Besondere Beachtung hat der Konstruktivismus bisher in den Kultur- und Sozialwissenschaften und in sozialen Handlungsfeldern gefunden. Hier eine exemplarische Auswahl:

Geschichtswissenschaft

Kaum ein Historiker maßt sich noch Aussagen über die Vergangenheit, wie sie „wirklich" war, an. Die Geschichtswissenschaft ist eine Beobachtung von Beobachtungen. Nicht zufällig interpretiert jede Historikergeneration frühere Zeiten neu und anders. Geschichte ist kein objektiver Prozeß, sondern das Resultat von Wahrnehmungen, Deutungen und Interessen der Betroffenen. Auch historische Dokumente sind ebensowenig objektiv wie Statistiken, sondern sie enthalten Konstruktionen. „In der Kultur- und Geistesgeschichte wird die wirklichkeitskonstituierende Kraft von Vorstellungen, mit denen frühere Gesellschaften ihre Welt für sich bedeutungsvoll machten, immer mehr anerkannt." (Nünning 1992, S. 92) Auch die sinnliche Wahrnehmung von Realitäten enthält unterschiedliche Interpretationen von Welt. Die Beschreibung solcher Beschreibungen ist Aufgabe von Geschichts-Schreibern, denen allenfalls Annäherungen möglich sind. Dies schließt Qualitätsunterschiede in der Geschichtsforschung keineswegs aus; unterschiedliche historiographische Darstellungen sind durchaus nicht alle gleichgültig und gleichwertig.

Der Konstruktivismus hat auch die Auswahl der erforschten Dokumente und Gegenstandsbereiche beeinflußt. Das Interesse richtet sich mehr und mehr auf die Wirklichkeitssichten der Zeitgenossen, auf den Alltag und nicht mehr primär auf die großen politischen Ereignisse und Resolutionen, z.B. bei der Frage, wie Kriege entstehen konnten. Aufgewertet wird also die Mentalitätsgeschichte. „Mentalität bezeichnet die zeitgenössische Auffassung von Vorgängen, bestimmte Denkarten und Wissensformen, im Gegensatz zu den Ereignissen ‚an sich!'" (Nünning 1992, S. 101) In diesem Zusammenhang ist auch die Erforschung des „common-sense-Wissens", des „gesunden Menschenverstands" in unterschiedlichen Epochen und Kulturen von Interesse.

Literaturwissenschaft

Auch Literatur ist eine Konstruktion von Wirklichkeit, Literatur ist (auto-)poetisch, enthält Bilder, aber keine Abbilder der Welt. Aus konstruktivistischer Sicht hat die Literaturwissenschaft keine „richtigen" Interpretationen literarischer Texte zu liefern, sondern die Perzeptionen und Rezeptionen von Literatur durch Leser/innen aus unterschiedlichen Lebensphasen, Epochen und Milieus zu erforschen und einen kreativen Umgang mit Texten anzuregen. Literatur ist selber eine Konstruktion von Welt, so daß der Literaturwissenschaftler – wie der Historiker – Beobachtungen und Beschreibungen II. Ordnung anbietet, wobei auch hier dogmatische Wahrheitsansprüche verfehlt sind. So spricht Emil Staiger, ein Schweizer Literaturwissenschaftler, nicht von der Wissenschaft, sondern der „Kunst der Interpretation".

Eine Gedichtinterpretation gilt nur für den einzelnen Interpreten – das macht es für einen Deutschlehrer so schwierig, die Interpretationsleistung eines Schülers gerecht zu benoten. „Das Anfertigen einer Interpretation eines Textes T durch eine Person P qualifiziert diese Person P allein zur Anfertigung einer Interpretation des Textes T. Das durch die Anfertigung einer Interpretation eines Textes T von einer Person P erworbene operationale Wissen ist allein für die Person P und für diese Person allein für den Text T signifikant." (Rusch 1987, S. 387).

Je nach Lebensalter und Lebenslage, nach sozialer Schicht- und Milieuzugehörigkeit, nach Gefühlslage und kognitiver Struktur, nach Vorkenntnis und Verwendungszweck setzt sich ein Leser eigenwillig und eigensinnig mit einem Gedicht auseinander, und derselbe Leser wird vermutlich dasselbe Gedicht einige Wochen später anders interpretieren. Eine Interpretation sagt meist mehr über den Leser als über den Autor aus.

„Dreh- und Angelpunkt der Bemühungen einer solchen Literaturwissenschaft ist nicht die Erkenntnis irgendeiner absoluten Wirklichkeit, sondern die Erfindung solcher Denkarten und Handlungsweisen, die unser Leben erleichtern, bereichern und lebenswerter machen." (Rusch 1987, S. 398)

Massenmedien

Daß die Massenmedien uns keine objektiven Wahrheiten, sondern Bilder und Konstrukte der Journalisten ins Haus liefern, ist keine originelle Erkenntnis. Das Ausmaß und die Folgen solcher Fiktionen sind vor allem durch die Berichterstattung über den Golfkrieg bewußt geworden. M. Beltz hat ein treffendes Motto über diesen Medienkrieg formuliert: „Wir erfahren nichts, das aber stundenlang." Ein Krieg wurde zum Schauspiel, an dem wir alle live und rund um die Uhr dabei sein konnten, und gleichzeitig wurde uns das Geschehen selber durch Zensur der Militärs und durch die technischen Medien verheimlicht.

Ralf Gödde weist darauf hin, daß dieser Journalismus primär die Selbsterhaltung und Selbstreferentialität zum Zweck hatte, auch wenn die Zuschauer durch die Einschaltquoten „immer mehr desselben" verlangten und im Sinne der selffulfilling prophecy auch präsentiert bekamen.

Was als Live-Sendung inszeniert war, war von der Realität weit entfernt. Der Zuschauer beobachtet eine

Fernsehansagerin, die auf ihrem Monitor selbst einen Journalisten in Washington beobachtet, der seinerseits eine amerikanische Nachrichtensendung betrachtet, die ihrerseits usw. usw.

„Der Zuschauer war Zeuge eines Kriegsfilm-Filmes: Der Monitor daheim zeigte Monitore in den Pilotkanzeln der Flugzeugbomber, die ihre Ziele auf *ihrem* Schirm und damit zugleich auf *unserem* exakt ‚anvisierten und sodann präzise und sauber eliminierten'. Das Opfer als solches war praktisch gar nicht existent." (Gödde 1992, S. 175).

In der Medienforschung wird das Reiz-Reaktions-Schema, der Sender-Empfänger-Ansatz, der den Rezipienten lediglich als rezeptiven Adressaten der medialen „In-puts" betrachtet, allmählich überwunden und die aktive Auseinandersetzung der Menschen mit den Medieninhalten zur Kenntnis genommen. So wird nicht mehr nur gefragt: wie wirkt eine Information auf den Zuschauer? sondern: wie setzt sich der Leser oder Zuschauer mit einer Sendung oder einem Text auseinander? Auch hier wird das Repräsentationsmodell zunehmend durch einen konstruktivistischen Ansatz ersetzt.

Psychotherapie

Vor allem Paul Watzlawick hat die Erkenntnisse des Konstruktivismus für die Psychotherapie, insbesondere für die Familientherapie nutzbar gemacht. Er zitiert eine junge Patientin, die Konflikte mit ihrer Mutter hat und nach der

Behandlung sagt: „So wie ich die Lage sah, war es ein Problem; nun sehe ich sie anders, und es ist kein Problem mehr." (Watzlawick 1985, S. 69)

Die Psychotherapie bearbeitet also – nach Watzlawick – unsere „Wirklichkeiten II. Ordnung", also unsere Deutungen, Sinnzuschreibungen und Fiktionen. Nicht diese Wirklichkeitskonstruktion als solche unterscheidet „Normale" von „Geistesgestörten". Die Viabilität der Deutungen entscheidet darüber, ob wir uns gesund fühlen oder krank. Wenn wir uns mit unseren Weltbildern im Einklang mit der Gesellschaft und unseren Bezugspersonen fühlen, ist alles „in Ordnung". „Solange wir dieses Gefühl haben, sind wir in der Lage, auch mit großen Widerwärtigkeiten einigermaßen gelassen fertigzuwerden. Fehlt dagegen dieses Gefühl des Passens, so stürzen wir in Verzweiflung, Angst, Psychose oder denken an Selbstmord." (Watzlawick 1985, S. 72)

In diesem Fall ist eine Korrektur der Wirklichkeitssichten erforderlich, wobei es nicht darum geht, eine falsche Sicht durch eine richtige zu ersetzen, sondern eine „unpassende" durch eine „passende", die eine Minderung des Leidensdrucks zur Folge hat und sich somit praktisch bewährt. Ein wichtiges Mittel dazu ist das „reframing", d.h. die Technik des „Umdeutens". Der Patient wird angeregt, eine Korrektur seines Wertsystems, seiner Wahrnehmungsmuster vorzunehmen, wobei auch in diesem Fall nicht die „Richtigkeit" der Deutung, sondern ihre Viabilität das Kriterium ist. Der Patient soll nicht behandelt werden, sondern er soll selber handlungsfähig werden.

Aus konstruktivistischer Sicht wird auch die Norm der „Normalität" fragwürdig. Normalität ist eher eine gesellschaftliche Übereinkunft. Die Sichtweise der Mehrheit gilt als normal, Wirklichkeitskonstruktionen von Minderheiten gelten häufig als abweichend, anomal, verrückt. So sind geniale Menschen zu allen Zeiten in Gefahr gewesen, als geistesgestört ausgegrenzt zu werden.

Schulpädagogik

Wenn menschliche Kognitionen und Wirklichkeitskonstruktionen in hohem Maße lebensgeschichtlich geprägt sind und auf biographischen Erfahrungen basieren (Varela 1990, S. 110), wenn ein selbstreferentielles System sich aus eigenen früheren Erfahrungen und Erinnerungen speist, dann scheint die pädagogische Relevanz dieser Theorie für die Erwachsenenbildung größer als für den Schulunterricht zu sein. Einiges spricht dafür, daß das Abbildlernen, das rezeptive Lernen vorgegebener Inhalte, das Lernen am Modell, das Imitationslernen und Reiz-Reaktionskonditionierungen bei Kindern eine größere Rolle spielen als bei Erwachsenen. Dennoch zeigen Untersuchungen zum Erstlese- und Naturkundeunterricht, daß auch Kinder in der Primarstufe keineswegs „unbeschriebene Blätter" sind.

So haben S. v. Aufschnaiter, H. E. Fischer und H. Schwedes untersucht, wie Grundschulkinder ihre physikalischen Welten konstruieren. Die Information, daß die Erde eine Kugel sei, wurde von Kindern im Sachkunde-

Unterricht sehr individuell und originell verarbeitet. Die 8jährige Nancy interpretierte und zeichnete diese Information so: „Wir sind in diesem Ball drin ... Die Erde ist flach, aber das, was rund ist wie im Ball, das ist der Himmel.“ Der 8jährige Leonidas vermutete, daß zu dem Erdball noch ein horizontaler Boden und ein Himmel gehören, Gegenstände fallen von der Erde auf diesen Boden oder steigen zum Himmel auf.

Die Autoren kommen zu dem Ergebnis: „Die meisten Vorstellungen von Schülern zu physikalischen Phänomenen hängen sehr stark von der Art und Weise ab, in der ihnen die Phänomene begegnen. Schüler erklären also zum Teil Phänomene, die der Lehrer für sehr ähnlich hält, bei unterschiedlichen Gelegenheiten ganz unterschiedlich und umgekehrt aus der Sicht des Lehrers eher Unterschiedliches auf sehr ähnliche Weise.“ Wir erleben oft, „daß Schüler unbeirrt an Vorstellungen festhalten, obgleich diese durch Äußerungen des Lehrers oder physikalische Experimente schon mehrfach widerlegt zu sein schienen.“ (Aufschnaiter u.a. 1992, S. 384 f.) Die höchste Entscheidungs- und Kontrollinstanz des Gehirns ist offenbar die eigene Erfahrung, wobei diese Erfahrung wiederum Resultat einer Wirklichkeitskonstruktion ist.

Eine wichtige pädagogische Kompetenz ist demzufolge eine „Beobachtungskompetenz II. Ordnung“, d.h. Lehrende müssen nicht nur darauf achten, was die Lernenden beobachten, sondern auch, wie sie beobachten, d.h. welche Erfahrungen den jeweiligen Wirklichkeitskonstruktionen zugrunde liegen.

Wahrnehmung, Emotion, Kognition, Lernen sind zunächst individuelle, selbstreferentielle Prozesse. Das Lernsubjekt ist aber in viele soziale Systeme eingebunden, die ebenfalls lernfähig sein können. „Lernende Organisation" meint nicht nur, daß die Beschäftigten in der Organisation lernen, sondern daß die Organisation selber lernfähig strukturiert ist. Organisationen wie Betriebe oder Bildungseinrichtungen sind Systeme, die für Neues offen sein müssen, um zu funktionieren und „auf dem Laufenden" zu bleiben.

Für solche sozialen Systeme ist – nach Luhmann – eine geregelte Kommunikation charakteristisch, für individuelle psychische Systeme dagegen Bewußtsein. Die Lernkapazität einer Organisation ist u.a. davon abhängig, wie Kommunikation und Informationsflüsse geregelt sind, und zwar organisationsintern und extern. Extrasystemisch heißt: Welche neuen Erkenntnisse über gesellschaftliche Entwicklungen und über Bedürfnisse der „Klientel", über Strategien der Konkurrenz werden registriert? Intrasystemisch heißt: Welche Organisationsmitglieder haben Zugang zu welchen Informationen, wer kommuniziert wie mit wem, wer ordnet an, wer führt aus, wer ist in Entscheidungsprozesse einbezogen, und wie setzen sich innovative Vorschläge durch, wer evaluiert die Organisation nach welchen Maßstäben?

H. Geißler regt die Entwicklung einer Organisationsdidaktik an, durch die die Lern- und Kommunikationsfähigkeit des Systems verbessert werden soll, u.a. durch neue Organisationsstrukturen und Anreize, aber auch durch den Abbau lernhemmender Faktoren wie Macht und Bequemlichkeit.

Schlüsselbegriff der nach-tayloristischen Betriebsorganisation, der „lean production" nach japanischem Vorbild ist Selbstorganisation. Allerdings wird auch vor einer Überschätzung dieser „Wärmemetapher" gewarnt. Die Addition von Stichworten wie Dezentralisation, Fehlertoleranz, Offenheit, Informationskultur „weist deutlich auf die fehlende Theorie der Selbstorganisation für soziale Systeme hin ... Es besteht ... die Gefahr, daß dieser Ansatz, wie so viele zuvor, zu einer bloßen Management-Mode verkommt, durch die auch die Konzepte einer betrieblichen Weiterbildung erneut in die Irre geführt werden würden." (Dürr 1990, S. 57)

Phänomenologie

Wir leben nicht nur in politischen, ökonomischen, sozialen u.a. Systemen, sondern wir leben auch in einer Welt alltäglicher Gegenstände. Wir statten unsere Wohnung, unseren Garten, unseren Arbeitsplatz mit Dingen aus, die nicht nur einen Tauschwert und einen Gebrauchswert haben, die also nicht nur teuer und nützlich sind, sondern in denen wir unsere Identität, unsere Träume und unser Selbstwertgefühl „vergegenständlichen". Die Gegenstände stehen uns nicht gegenüber, sondern wir leben mit ihnen. Sie haben symbolischen Wert für uns, sie sind Zeichen unserer Identität. Durch unsere Kleidung, unsere

Bücher, unser Mobiliar, unsere Verkehrsmittel inszenieren wir unser Ich. Durch das „System der Dinge“ (J. Baudrillard) demonstrieren wir unsere Zugehörigkeit zu einer sozialen Schicht, und wir unterscheiden uns dadurch von anderen.

Viele unserer Gegenstände sind libidinös besetzt, wir „hängen“ an ihnen. Was für andere kitschig sein mag, ist für uns schön und geschmackvoll. Der Dualismus zwischen Subjekt und Objekten löst sich auf, die Dinge sind Bestandteil unserer Simulationen, Imaginationen, Illusionen und beeinflussen unser Wohlbefinden, unsere Stimmung. Die „Realien“ haben etwas Surrealistisches an sich. Gegenstände sind Erscheinungen, die für uns einen schönen Schein haben, mit denen wir einen Anschein erwekken wollen, z.B. „up to date“ oder extravagant zu sein.

Auch wenn wir die meisten Dinge nicht selber handwerklich hergestellt haben, so sind sie doch Teil der Konstruktion unserer Wirklichkeit; sie gehören zu unserer Umgebung im wörtlichen Sinn: Wir umgeben uns mit bedeutungsvollen Dingen, sie sind Teil unserer Konstruktion von Wirklichkeit.

Konstruktivistische Wende der pädagogischen Wahrnehmung?

Ob der Konstruktivismus für pädagogisches Handeln neue und „viable" d.h. brauchbare Impulse enthält, muß jede/r Pädagog/in selber entscheiden. Auch wird die Antwort für verschiedene Bildungseinrichtungen – vom Kindergarten bis zur Altenbildungsstätte – vom EDV-Kurs bis zum Seminar über Tod und Sterben – unterschiedlich ausfallen.

Für die Erwachsenenbildung ist die konstruktivistische Perspektive nicht völlig neu. Erwachsene sind selbständige und eigenwillige Lerner, die ihre eigene Lerngeschichte und vielfältige Erfahrungen, gezielte Verwendungsinteressen und stabile Deutungsmuster in ein Seminar einbringen. Erwachsenenbildung sollte teilnehmerorientiert sein, d.h. auf didaktische Partizipation und Verständigung ausgerichtet sein. „Bankiers-Methoden" und Belehrungen, Erziehungs- und Umerziehungsversuche wirken bei Erwachsenen meist kontraintentional, d.h. sie provozieren Bumerang-Effekte.

– Lernende Erwachsene sind relativ autopoietische Systeme. Erwachsene sind lernfähig, aber unbelehrbar. Dennoch wünschen sie eine Unterstützung ihrer Lernbemühungen durch fachlich und methodisch kompetente und verständnisvolle Lehrkräfte. Dies ist das weitgehend akzeptierte Selbstverständnis der Erwachsenenbildung. In der Praxis ist jedoch vielfach ein „heimlicher Lehrplan" wirksam, in dem die „Mythen“ des Repräsentationsmodells und der linearen Vermittlungsdidaktik sich durchsetzen. (Doch auch hier nötigt der Konstruktivismus zu einer selbstreflexiven Rückfrage: Wenn sich jahrzehntelang stoff- und dozentenorientierte Organisationsformen behauptet haben und von den Teilnehmenden immer wieder favorisiert wurden, kann ihnen eine „Zweckmäßigkeit“, eine „Passung“ von Lehr- und Lernbedürfnissen kaum bestritten werden. Ob neue, kreative, selbstorganisierte Lernmethoden tatsächlich effektiver sind, ist empirisch bisher kaum belegt worden.)

– Insgeheim unterstellt die institutionalisierte Erwachsenenbildung, daß nur diejenigen sich weiterbilden, die an den Veranstaltungen der Einrichtungen teilnehmen. Zielvorstellung ist letztlich eine 100%ige Weiterbildungsbeteiligung. Nichtteilnehmer/innen gelten als „bildungsfern“ oder als bildungsbenachteiligt. Der Autodidakt wird von den „Anbietern“ nur als „Noch-nicht-Teilnehmer“ zur Kenntnis genommen. Ein Ignorieren der Bildungsangebote wird von den Veranstaltern jedoch fast als narzißtische Kränkung empfunden. Aus konstruktivistischer Sicht ist daran zu erinnern, daß Erwachsene so handeln, wie es ihnen „paßt“ und wie es ihnen zweckmäßig zu sein scheint.

– Themenformulierungen und Veranstaltungsankündigungen lösen bei Interessenten oft sehr unterschiedliche Assoziationen und Reaktionen aus und werden oft völlig anders wahrgenommen als von den Autoren beabsichtigt. Selbstverständlich ist es legitim und sinnvoll, durch die Sprache der Programme eine Selektion der Adressaten

zu steuern, aber nur selten wird vorher getestet, welche Wirkung bestimmte Formulierungen auf unterschiedliche Zielgruppen haben.
So kann der gutgemeinte Hinweis, der Seminarablauf solle mit den Teilnehmenden gemeinsam vereinbart werden, auf einige Interessenten wie eine Drohung wirken. Ankündigungen von Seminaren mit identitätsbezogenen Themen enthalten gelegentlich den Hinweis „Therapeutischen Bedürfnissen kann nicht entsprochen werden." Auch diese Warnung dürfte vielfach eher das Gegenteil bewirken.

– Die moderne, professionelle Didaktik ist technologisch und ähnelt der industriellen Produktion. Lern- und Bildungsprozesse Erwachsener werden geplant, organisiert, kontrolliert. Beliebte Begriffe sind Bildungsmanagement und Controlling. Es ist jedoch vermessen, operationalisierte Lernziele für andere, fremde Menschen, für ganze Gruppen verbindlich festzulegen und zu testen. Was legitimiert Pädagog/innen zu bestimmen, was mündige Erwachsene lernen zu wollen haben? Auch ist mehr als zweifelhaft, ob die meisten Teilnehmer/innen in Sprachkursen primär eine fremde Sprache lernen wollen. Professionelles pädagogisches Personal wird dafür bezahlt, daß es Bildungsveranstaltungen sorgfältig und kompetent vorbereitet, daß die Lehrenden sich selber gewissenhaft vorbereiten. Doch nicht der Lernprozeß der Teilnehmenden kann geplant werden, sondern das Lehrangebot. Die gesamte pädagogische Situation sollte so vielfältig und anregend gestaltet sein, daß die Teilnehmenden je nach der individuellen Lage wichtige und aufschlußreiche Lernerfahrungen machen können.

Dies bezeichnet Rolf Arnold als „evolutionäre Gelassenheit": Der Lehrer „schafft somit die Bedingungen für die Selbstorganisation der Lernenden. Mit anderen Worten ‚erzeugt' der Lehrer nicht mehr das Wissen, das ‚in die Köpfe der Schüler soll', er ‚ermöglicht' Prozesse der selbsttätigen und selbständigen Wissenserschließung und Wissensaneignung." (Arnold 1993, S. 53)
Oft liefert ein Vortrag oder ein Text nur „Auslöser" für eigene Denk- und Suchbewegungen, die sich oft weit von dem „eigentlichen" Thema entfernen; oft wirkt eine eher nebensächliche Metapher, ein Nebensatz, ein kurzer Hinweis nach – und solche ungeplanten Lerneffekte sind nicht selten nachhaltiger als eine wortgetreue Speicherung des Vortrags.

– Es ist eine unbewiesene Annahme, daß Teilnehmende vor allem das lernen wollen, was im Programm angekündigt ist, ja, daß die Mehrzahl überhaupt lernen will. Wenn Lernen Veränderung bedeutet, wollen viele lieber bestätigt als verunsichert werden, und viele Teilnehmende suchen ein Forum für ihre Botschaften, sie suchen Zuhörer, denen sie mitteilen können, was sie wissen oder für richtig halten. Dies mag für die Gruppe und die Kursleiter manchmal lästig sein, aber letztlich unterscheiden sich diese Teilnehmer/innen in ihrer Motivation kaum von den meisten Lehrkräften.
Lehren und Lernen vermischt sich also und läßt sich nicht arbeitsteilig bezahlenden Teilnehmern und bezahlten Kursleitern zuordnen, und das ist vielleicht auch gut so.

– Insgeheim wünschen die meisten Lehrenden, daß am Schluß des Seminars nicht nur alle Teilnehmer/innen voll zufrieden sind, sondern sich auch einschränkungslos ihrer Meinung anschließen. Daß dieser Wunsch illusionär ist, ist emotional schwer zu akzeptieren, aber konstruktivistisch gesehen wäre ein solcher übereilter Konsens auch unerwünscht. Da Erwachsene aufgrund individueller Biographien und Lebenslagen unterschiedliche Bewertungen vornehmen, da gerade die Differenzen und nicht unbedingt die Einverständnisse den Horizont erweitern, ist die Pluralität und nicht die Vereinheitlichung aller Ansichten ein „Gütezeichen“ für Bildungsveranstaltungen. Wenn alle Beteiligten sich die Konstruktion des Dozenten aneignen, ist dies eher ein Anzeichen für ein Denkverzicht.

– Lehrende möchten gerne alle und alles verstehen. Sicherlich ist das Bemühen um Empathie und Verständigung lobenswert. Der Konstruktivismus macht – trotz der sozialen Koppelung – jedoch eher auf die Grenzen des Fremdverstehens aufmerksam. Die Autopoiesis individueller Kognition bleibt letztlich geheim und ist nur bedingt kommunikativ zu vermitteln. Auch hier ist – abgesehen von der Unmöglichkeit des unbegrenzten Verstehens – der Wunsch nach Intimschutz zu respektieren. Der Anspruch des totalen Verstehens ist eher bedrohlich. „Operationale Geschlossenheit“ unseres Nervensystems sichert uns auch dagegen, daß andere „unsere Gedanken lesen“ und uns völlig „durchschauen“.

– Die Erwachsenenbildung versucht, Vorurteile abzubauen. Konstruktivistisch gesehen ist jede Deutung ein Vor-Urteil. Eine Unterscheidung zwischen wahren und falschen Urteilen ist kaum möglich. Andererseits ist jede

Wirklichkeitskonstruktion „aufklärungsbedürftig", d.h. durch neues Wissen, neue Perspektiven und durch die Ansichten anderer zu problematisieren und zu erweitern.

– Die traditionelle Didaktik ist an Vereinheitlichung interessiert, an möglichst homogenen Zielgruppen mit ähnlichen Lernvoraussetzungen und gemeinsamen Lernergebnissen. Der Konstruktivismus betont demgegenüber die Individualität, die Eigensinnigkeit und Eigenwilligkeit der Erwachsenen. Eine Vermittlungsdidaktik hat nur geringe Erfolgschancen.
Autopoiesis beinhaltet Poesie, d.h. Schöpfung. Lernen ist ein schöpferisches, kreatives Handeln. Zwar muß man nicht so weit gehen und jeden Menschen als Künstler bezeichnen, aber Bildungsarbeit hat die Aufgabe, eine Vielfalt der Wirklichkeitsgestaltungen anzuregen und zu unterstützen.

– Konstruktivistisches Denken macht darauf aufmerksam, daß nicht jedes Wissen zu jeder Zielgruppe „paßt", daß neues Wissen psychohygienisch verträglich und zumutbar sein muß. So ist es unpassend, ältere Menschen, die durch permanente Katastrophenmeldungen ohnehin schon verängstigt und irritiert sind, durch eine Betroffenheitspädagogik zu entwicklungspolitischen oder ökologischen Themen noch mehr zu verunsichern und zu destabilisieren.

– Die Realität ist uns nur indirekt zugänglich. Wir wissen nicht, was wir erkennen, aber wir können wissen, *wie* wir erkennen. Das reflexive Wissen über unsere eigenen Wahrnehmungen, Kognitionen und Deutungen ist wichtiger

als das Speichern scheinbar gesicherter Daten und Fakten. Zwar ist das übergeordnete Ziel des Erkennens das vernünftige Überleben, die einzelnen Problemlösungen dagegen bleiben fraglich und vorläufig.
So läßt sich das Motto „Der Weg ist das Ziel“ didaktisch deuten. Es gibt keine asphaltierten Straßen, die wir gehen können, wir müssen uns unsere eigenen Wege bahnen, indem wir gehen, d.h. denken und lernen. Der Weg entsteht durch den Prozeß des Gehens, wobei wir ständig an Hindernisse stoßen, innehalten und Umwege machen müssen. Auch Wissenschaftler, Politiker, Theologen, Pädagogen eignen sich kaum als Wegbereiter, Vorläufer oder Schrittmacher, die uns an die Hand nehmen können. F. Varela zitiert ein Gedicht des Spaniers Antonio Machado:

Wanderer, deine Fußstapfen
sind der Weg, und nichts sonst.
Wanderer, einen Weg gibt es nicht,
den Weg machst du beim Gehen.

Lernen, aber auch Leben ist eine ständige Suchbewegung.

– Auch wir Pädagog/innen müssen uns ständig bewußt machen, daß unser Wissen keine Wahrheit, sondern ebenfalls eine Konstruktion von Wirklichkeit ist. Wir können uns über unsere Konstrukte verständigen, wir können unser Weltbild jedoch nicht ohne weiteres auf andere übertragen.

Lernen und Lebenswelt

Lernen ist – nicht nur, aber auch – die Überprüfung unserer Wirklichkeitskonstruktionen hinsichtlich ihrer Viabilität und das heißt auch: hinsichtlich ihrer Human-, Sozial- und Ökologieverträglichkeit. Ein solches Lernen erfordert die Wahrnehmung von Differenzen – zwischen mir und meiner Umwelt, zwischen meinen eigenen und fremden Konstrukten. Wer nur Bekanntes wahrnimmt und sich nur bestätigt sieht, lernt nichts dazu. Die Wahrnehmung und Prüfung solcher Differenzen kann Veränderungen des Denkens und Handelns nahelegen. Lernen im Erwachsenenalter ist deshalb selten der Erwerb völlig neuer Konstrukte, sondern häufig die Rekonstruktion vorhandener Weltbilder. Rekonstruktion meint also ein Umlernen, ein „reframing", einen neuen Rahmen. Dabei geht es meist nicht darum, sich von seiner Identität zu distanzieren, sondern die eigene lebensgeschichtliche Kontinuität zu wahren und zugleich offen und aufgeschlossen für Fremdes zu sein, vielleicht sich allmählich für ungewöhnliche Deutungen zu „erwärmen". Veranstaltungen der Erwachsenenbildung sind (auch) Schonräume mit reduziertem Handlungs- und Entscheidungsdruck, in denen ein Probedenken und Probehandeln, eine heuristische Neuorientierung möglich sind.

Die Anlässe für solche konstruktiven Suchbewegungen können vielfältig und unterschiedlich sein: Unzufriedenheit mit der eigenen Lebenssituation, offenkundige kognitive Dissonanzen und Widersprüche, mangelnde Viabilität der Konstrukte im sozialen Umfeld, Identitätskrisen, eindrucksvolle Erfahrungen mit Fremdem ...

Hier ein Beispiel für eine solche Umdeutung: In einem Wochenendseminar über ökologische Probleme der „dritten Welt" erregt sich eine junge Frau auffällig heftig über die Zerstörung des tropischen Regenwaldes und fordert drakonische Bestrafungen. In der Pause erzählt sie den Grund ihrer Empörung: Gegen eine lebensgefährliche Krankheit habe ihr ein Medikament geholfen, dessen Substanzen aus dem brasilianischen Regenwald stammten und seitdem engagiere sie sich für die Rettung der Regenwälder.

Der Konstruktivismus wertet den „gesunden Menschenverstand" und das „Erfahrungslernen" auf. Der gesunde Menschenverstand ist nicht zu verwechseln mit dem scheinbar „gesunden Volksempfinden", sondern meint die Fähigkeit, sich im alltäglichen Leben seines eigenen Verstandes zu bedienen und sinnvolle von unsinnigen Zielen zu unterscheiden.

Daß Erwachsene vor allem durch Erfahrungen lernen, ist unbestritten. Erfahrungen sind jedoch keine bloßen Erlebnisse. Erfahrungen resultieren aus der Verbindung von Erlebtem mit reflexiven Deutungen. Werden einzelne Erlebnisse unzulässig verallgemeinert und für Erfahrungen gehalten, wirken sie lernhemmend und begünstigen Vorurteile.

Die konstruktivistische Kritik an absoluten Wahrheiten ist nicht nur eine Barriere gegen Dogmatismus und

Fundamentalismus, sondern auch gegen die Privilegierung eines einzigen Wirklichkeitszugangs. Zwar kann in vielen Lebensbereichen auf wissenschaftliches Wissen nicht verzichtet werden, aber empirisch-analytische Erkenntnis muß konfrontiert werden mit Intuitionen, Phantasien, ästhetischen und religiösen Sichten. Es gibt kaum ein Problem, das nur einseitig zu betrachten und zu lösen wäre.

Erforderlich ist eine Pluralität der Lehrmethoden, auch um der lebensgeschichtlich geprägten Vielfalt der Wahrnehmungen, Temperamente und Denkstile in einer Lerngruppe zu entsprechen. Bildungsveranstaltungen sollten die Lust an „Perspektivierungen" fördern, z.B. durch Verfremdungen eines Themas, Paradoxien und Überraschungseffekte.

Wolfgang Welsch empfiehlt eine „transversale Vernunft", d.h. den Wechsel der Zugänge und Sichtweisen, die Verschränkung poetischer, empirischer, statistischer, meditativer Annäherungen an eine Wirklichkeit.

Thema des Konstruktivismus ist die kognitive Beziehung des erkennenden Subjekts zu den außersubjektiven Realitäten. Eben dieses Verhältnis beinhaltet auch die andragogische Schlüsselkategorie der *Lebenswelt*. Lebenswelt ist nicht die Umwelt, auch nicht die sozioökonomischen Lebensverhältnisse und Lebenslagen. Lebenswelt ist die von uns erlebte und gelebte Welt, das, was wir wahrnehmen, fühlen, vermissen, gestalten. Lebenswelt ist fast synonym mit „konstruierter Wirklichkeit". Lebenswelt meint die Art und Weise, wie wir

Einflüsse des Milieus – vom Klima bis zur Arbeitsmarktpolitik – erleben. „Lebenswelt als eine Sinnkonstruktion bringt eine Wirklichkeit in die Lernsituation, die von subjektiven Erfahrungen geprägt ist, die aber auch das Unnachgiebige der Welt in sich aufgenommen hat." (Tietgens 1981, S. 127)

Vielleicht beschreibt das Gedicht von Ernst Jandl „Der Mann von Nebenan" Lebenswelt einleuchtender als eine abstrakte Definition:

du siehst ihn nicht
du kennst ihn nicht
du weißt nicht was sein zustand ist
ich seh ihn nicht
ich kenn ihn nicht
ich weiß nicht was sein zustand ist
oder sieht ihn wer?
oder kennt ihn wer?
oder weiß wer was sein zustand ist?
man sieht ihn nicht
man kennt ihn nicht
man weiß nicht was sein zustand ist.

Unsere Lebenswelt besteht aus unseren Kenntnissen und Überzeugungen, aus unseren Deutungsmustern und unseren generativen Themen, aber auch aus unseren Handlungsplänen und Träumen, aus unseren vergessenen und verdrängten Inhalten.

Lebenswelten können menschenfeindlich oder menschenfreundlich sein. Human-, sozial- und naturverträgliche Lebenswelten sind eine lebenslange Aufgabe und Herausforderung. Insofern ist Lebenswelt eine pädagogische Kategorie: Humanisierung heißt ständige Überprüfung, Rekonstruktion, Erweiterung, Bereicherung, Kultivierung unserer Lebenswelt durch Lernen.

Ein solches Lernen ist aber kein rein instrumentelles Anpassungslernen, sondern ein verantwortliches, reflexives Lernen. Ein solches identitäts- und lebensweltbezogenes Lernen kann auch als Bildung bezeichnet werden. Wie der Konstruktivismus und der Lebensweltbegriff beinhaltet auch der humanistische Bildungsbegriff die Spannung zwischen Ich und Welt als Aufgabe.

So schreibt W. v. Humboldt in dem Fragment „Theorie der Bildung des Menschen" 1793 „Die letzte Aufgabe unseres Daseyns: dem Begriff der Menschheit in unserer Person ... durch die Spuren des lebendigen Wirkens, die wir zurücklassen, einen so grossen Inhalt, als möglich, zu verschaffen, diese Aufgabe löst sich allein durch die Verknüpfung unseres Ichs mit der Welt zu der allgemeinsten, regesten und freiesten Wechselwirkung."

Fast zwei Jahrhunderte später definiert W. Klafki Bildung ähnlich: „Bildung ist Erschlossensein einer dinglichen und geistigen Wirklichkeit für einen Menschen – das ist der objektive oder materiale Aspekt, aber das heißt zugleich: Erschlossensein dieses Menschen für diese seine Wirklichkeit – das ist der subjektive oder formale Aspekt." (Klafki 1967, S. 43)

Versuchen wir, den Kreis zu schließen: Bildung ist notwendigerweise lebensweltorientiert und geht deshalb nicht in Schulungen, Trainings und Qualifizierungen auf. Kern lebensweltorientierter Bildung ist die lernende Bereicherung und Reflexion unserer Wirklichkeitskonstruktionen. Ein solches Lernen ist selbstbestimmt, ganzheitlich und – im Sinne der Aufklärung – emanzipatorisch.

Auch Bildungsarbeit benötigt die Fiktion des Als-Ob, die konstruktive Unterstellung, daß wir Menschen vernunftfähig und „bildsam“ sind.

Literatur

Arnold, Rolf: Natur als Vorbild. Frankfurt, 1993

Arnold, Rolf: Deutungsmuster und pädagogisches Handeln in der Erwachsenenbildung. Bad Heilbrunn 1985

Capra, Fritjof: Wendezeit. Bern. 1983

Dowling, Colette: Der Cinderella-Komplex. Frankfurt. 1982

Dürr, Walter: Betriebspädagogik und Selbstorganisation. In: H. Geißler (Hg.): Neue Aspekte der Betriebspädagogik. Frankfurt. 1990. S. 53 ff.

Eco, Umberto: Platon im Striptease-Lokal, München. 1994

Gebhard, Ulrich: Dürfen Kinder Naturphänomene beseelen? In: Unterricht und Biologie. Nr. 153/1990. S. 38 ff.

Geißler, Harald: Grundlagen des Organisationslernens. Weinheim. 1994

Glasersfeld, Ernst von: Aspekte des Konstruktivismus. In: Rusch, Schmidt, a.a.O. S. 20 ff.

Gumin, Heinz, Mohler, Arnim (Hg.): Einführung in den Konstruktivismus. München. 1985

Kaminer, Wendy: Ich bin k.o., du bist k.o. München. 1993

Klafki, Wolfgang: Studien zur Bildungstheorie und Didaktik. Weinheim. 1967

Kramaschki, Lutz: Konstruktivismus, konstruktivistische Ethik und Neopragmatismus. In: Rusch, Schmidt a.a.O. S. 224 ff.

Maturana, Humberto, Varela, Francisco: Der Baum der Erkenntnis. Bern. 1987

Maturana, Humberto: Bewußtsein findet nicht im Gehirn statt. In: Psychologie heute 2/1994, S. 44 ff.

Nünning, Vera: Wahrnehmung und Wirklichkeit. In: Rusch, Schmidt a.a.O. S. 91 ff.

Roth, Gerhard: Erkenntnis und Realität. In: S. Schmidt 1987, a.a.O. S. 229 ff.
Rusch, Gebhard, Schmidt, Siegfried (Hg.): Konstruktivismus: Geschichte und Anwendung. Frankfurt. 1992
Rusch, Gebhardt: Autopoiesis, Literatur, Wissenschaft. In: Schmidt 1987, S. 374
Schmidt, Siegfried (Hg.): Der Diskurs des Radikalen Konstruktivismus. Frankfurt. 1987
Schmidt, Siegfried: Wissenschaft als ästhetisches Konstrukt. Hannover. 1992 (mss. verv.)
Siebert, Horst: Bildung im Schatten der Postmoderne. Frankfurt 1993
Sloterdijk, Peter: Weltfremdheit. Frankfurt. 1993
Spengler, Tilmann: Stirnwolkenbildung. In: Kursbuch Nr. 78/1984, S. 8 ff.
Tietgens, Hans: Die Erwachsenenbildung. München. 1981
Tsapanos, Georgios: Seid nett zueinander. In: betrifft 5/1993, S. 8 ff.
Vaihinger, Hans: Die Philosophie des Als-Ob. Leipzig. 1924
Varela, Francisco: Kognitionswissenschaft – Kognitionstechnik. Frankfurt 1990
Watzlawick, Paul: Anleitung zum Unglücklichsein. München. 1983
Watzlawick, Paul: Wirklichkeitsanpassung oder angepaßte „Wirklichkeit“. In: Gumin, Mohler. 1983, a.a.O. S. 69 ff.
Watzlawick, Paul: Die Unsicherheit unserer Wirklichkeit. München. 1988
Welsch, Wolfgang: Unsere postmoderne Moderne. Weinheim. 1987

WISSENSCHAFT IN GESELLSCHAFTLICHER VERANTWORTUNG

Band 9 Benno Hafenegger:
DIE "EXTREME RECHTE" UND EUROPA – Herausforderung f. e. multikulturelle Gesellschaft
ISBN 3-88864-109-8, 5.- DM

Band 10 Hans-Ulrich Deppe:
PERSPEKTIVEN DER GESUNDHEITSPOLITIK – Bundesrepublik Deutschland und Europäische Gemeinschaft
ISBN 3-88864-110-1, 5.- DM

Band 11 Beate Seitz-Weinzierl:
LUST AUF ZUKUNFT – Vom Wert der Natur und der Verantwortung des Menschen
ISBN 3-88864-111-X, 8.- DM

Band 13 Günter Altner:
GENTECHNOLOGIE UND BIOREAKTOREN – Totalmanipulation oder Ehrfurcht vor dem Leben
ISBN 3-88864-113-6, 8.- DM

Band 14 Gerd Michelsen:
UMWELT BRAUCHT MEHR ALS BILDUNG – Für eine aktive und aufgeklärte Bürgerschaft
ISBN 3-88864-114-4, 8.- DM

Band 15 Haidi Streletz:
WIDER DIE TECHNISIERUNG DES MENSCHEN – Querverbindung zwischen § 218 und Reproduktionstechnologie
ISBN 3-88864-115-2, 8.- DM

Band 17 Wolfgang Nitsch:
RUNDE TISCHE AN HOCHSCHULEN – Neue Beteiligungsformen im Wissenschaftsbereich
ISBN 3-88864-117-9, 8.- DM

Band 18 Bernd Rebe:
UNIVERSITÄT – LEITINSTITUTION ODER LEITBILD? - Selbstverständnis und Aufgabenorientierung heute
ISBN 3-88864-118-7, 8.- DM

VAS

WISSENSCHAFT IN GESELLSCHAFTLICHER VERANTWORTUNG

Band 19 Gisela Notz:
AUF DER SUCHE NACH DEN NEUEN MÄNNERN – Ausflüge von Männern in Frauenräume
ISBN 3-88864-119-5, 8.- DM

Band 20 Haidi Streletz:
WIDERSTAND – Das Spannungsfeld zwischen Anpassung und Glaubwürdigkeit
ISBN 3-88864-120-9, 8.- DM

Band 22 Erich Ott / Thomas Gerlinger:
AUF DEM WEG ZUR PENDLERGESELLSCHAFT – Probleme der Zunahme arbeitsbedingter Wegezeiten
ISBN 3-88864-122-5, 8.- DM,

Band 23 Joseph Dehler:
BIOSPHÄRENRESERVAT RHÖN – Chancen für eine natur- und menschengerechte Regionalentwicklung
ISBN 3-88864-123-3, 8.- DM (2. Auflage)

Band 24 Ulrich Fischer / Manuel Kiper:
ÖKOLOGISCHE RATIONALISIERUNG – Herausforderung und Chancen für Arbeitnehmer/innen
ISBN 3-88864-124-1, 8.- DM

Band 25 Till Bastian:
SELBSTBESINNUNG GEGEN NEUE FEINDBILDER – Europa und der Islam
ISBN 3-88864-125-X, 8.- DM

Band 26 Rolf Arnold:
NATUR ALS VORBILD – Selbstorganisation als Modell der Pädagogik
ISBN 3-88864-126-8, 8.- DM

Band 27 Horst Siebert:
BILDUNG IM SCHATTEN DER POSTMODERNE – Von Prometheus zu Sisyphos?
ISBN 3-88864-127-6, 8.- DM,

VAS

WISSENSCHAFT IN GESELLSCHAFTLICHER VERANTWORTUNG

Band 28 Guido Block-Künzler / Dietmar Graf:
WISSENSCHAFT VON UNTEN –
Zwischenbilanz und Perspektiven der Wissenschaftsladen-Bewegung
ISBN 3-88864-128-4, 8.- DM

Band 29 Ekkehard Nuissl:
MÄNNERBILDUNG – Vom Netzwerk bildungsferner Männlichkeit
ISBN 3-88864-129-2, 8.– DM

Band 30 Martina Kattein:
FRAUEN IM EG-BINNENMARKT –
Berufsperspektiven zwischen Ausgrenzung und Aufstieg
ISBN 3-88864-130-6, 8.– DM

Band 31 Horst Siebert:
NEU
LERNEN ALS KONSTRUKTION VON LEBENSWELTEN – Entwurf einer konstruktivistischen Didaktik
ISBN 3-88864-131-4, Doppelband 16.– DM

Band 32 Martin Führ:
NEU
WIE SOUVERÄN IST DER SOUVERÄN? –
Technische Normen in demokratischer Gesellschaft
ISBN 3-88864-132-2, 8.– DM

Band 33: Ludwig von Friedeburg:
NEU
BILDUNG ZWISCHEN AUFKLÄRUNG UND ANPASSUNG – Erfahrungen mit der Bildungsreform in der Bundesrepublik
ISBN 3-88864-133-0 • 8.– DM

Stand: August 1994

VAS